Kerstin Bund
Glück schlägt Geld

KERSTIN BUND

GLÜCK SCHLÄGT GELD

Generation Y: Was wir wirklich wollen

MURMANN

Dieses Buch wurde klimaneutral produziert:

Bibliografische Information der Deutschen Nationalbibliothek
Die Deutsche Nationalbibliothek verzeichnet diese Publikation in
der Deutschen Nationalbibliografie; detaillierte bibliografische
Daten sind im Internet über http://dnb.d-nb.de abrufbar.

ISBN 978-3-86774-339-6
Herstellung: Presse- und Verlagsservice, Erding
Druck und Bindung: Freiburger Graphische Betriebe, Freiburg
Printed in Germany

Besuchen Sie uns im Internet: www.murmann-verlag.de

Ihre Meinung zu diesem Buch interessiert uns!
Zuschriften bitte an info@murmann-verlag.de

Den Newsletter des Murmann Verlages können Sie anfordern unter
newsletter@murmann-verlag.de

Inhalt

Für
Lorenz

WIR SIND JUNG
UND BRAUCHEN DAS GLÜCK

Jeder glaubt, uns zu kennen. Aber niemand scheint uns zu mögen (außer unsere Eltern). Man nennt uns Generation Y, weil wir nach der Generation X geboren sind, zwischen 1980 und 1995. Und weil wir gerade massenhaft in die Unternehmen strömen, fragen sich viele, was wir dort anstellen werden. Für manche Personalchefs sind wir ein Albtraum: Sie halten uns für verwöhnt, selbstverliebt und größenwahnsinnig.

Es heißt, wir seien schlecht darin, uns zu hinterfragen, aber groß darin, uns selbst zu überschätzen. Wir könnten nichts so richtig (außer schneller tippen als die Alten). Schon in der Schule hätten wir für mäßige Leistungen viel zu gute Noten bekommen und für alles andere eine Urkunde (auch wenn wir beim Fußballturnier nur auf der Ersatzbank saßen). Wir gelten außerdem als undankbar, illoyal und faul. Anstatt an unserer Karriere zu arbeiten, machten wir lieber pünktlich Feierabend. Anstatt noch eine Schippe draufzulegen, verabschiedeten wir uns ins Sabbatical.

Kurz: Unser Ruf ist nicht der beste. Damit könnte ich leben, wäre die Debatte um meine Generation nicht so fremdbestimmt. Es scheint, als würde sie überhaupt nur von jenen geführt werden, die ihr selbst nicht angehören. Professoren untersuchen uns, Berater beschreiben uns, Manager bewerten uns. Doch alle blicken immer nur von außen auf meine Altersgruppe und beanspruchen dann die Deutungshoheit.

Es ist höchste Zeit für einen Blick von innen. Denn ich persönlich nehme meine Generation ganz anders wahr. Wir sind nicht faul. Wir wollen arbeiten. Nur anders. Im Einklang mit unseren Bedürfnissen. Wir lassen uns im Job nicht versklaven, doch wenn wir von einer Sache überzeugt sind (und der Kaffeeautomat nicht streikt), geben wir alles. Wir sind auch keine modernen Arbeitsnomaden, die von einem Unternehmen zum nächsten ziehen, sobald uns ein Job nicht mehr passt. Wir definieren Treue nur anders als Vorgenerationen: Nicht nach den Jahren, die wir bei einem Arbeitgeber verbringen, sondern danach, wie sehr wir uns in dieser Zeit für ihn ins Zeug legen.

Dieses Buch soll mit den Klischees und Missverständnissen über meine Generation aufräumen. Doch mehr noch als die Frage, wer wir wirklich sind, interessiert mich die Frage, was wir eigentlich wollen: Anders leben. Anders arbeiten. Anders sein. Denn das hat Auswirkungen nicht nur auf meine Altersgruppe, sondern auf die ganze Gesellschaft. Deshalb ist dies auch kein Generationenbuch, sondern ein Buch über die Frage, wie wir künftig leben und arbeiten wollen. Das betrifft alle.

Meine Generation verlangt eine neue Berufswelt. Wir fordern mehr Freiräume bei der Arbeit und eine echte Balance zwischen Beruf und Freizeit. Wir wollen beides auf einmal: Kinder *und* Karriere. Wir streben nach einer Arbeit, die etwas bewegt und einen Sinn stiftet. Denn Sinn zählt für uns mehr als Status. Glück ist wichtiger als Geld.

In der Gesellschaft hat dieser Wertewandel bereits stattgefunden, doch meine Generation ist die erste, die ihn in die Welt der Wirtschaft trägt. Hunderttausendfach setzen wir in den Unternehmen gerade eine Revolution in Gang. Es ist kein lauter Marsch durch die Institutionen, vielmehr ein stiller, aber tief greifender Wandel. Wir werden Wirtschaft und Gesellschaft schleichend verändern, aber danach wird nichts mehr sein wie davor.

Wir kämpfen nicht nur für uns, wir kämpfen für eine Kultur, die allen nützt. Die Realität in den meisten Unternehmen sieht doch heute noch so aus: starre Arbeitszeiten, strikte Präsenzpflichten. Manager in Teilzeit? Kaum denkbar. Wer spätabends noch E-Mails schreibt, schindet Eindruck. Wer um halb fünf gehen muss, um sein Kind von der Kita abzuholen, schleicht schuldbewusst aus dem Büro. Wir wollen das ändern. Und die Älteren können uns dankbar sein. Denn meine Generation verlangt, was auch sie wollen, aber sich nie trauten, einzufordern.

Dieses Buch beschreibt, wie grundlegend die Jungen die Arbeitswelt umkrempeln. Und es erklärt, warum alle von diesem Wandel profitieren.

01 / WER WIR SIND

Wir sind anders. Wir wollen anders leben und arbeiten. Wir, das ist meine Generation. Die Generation Y, die nach 1980 Geborenen, die gerade in Scharen den Arbeitsmarkt betreten. Den Namen finde ich, offen gestanden, etwas daneben. Genauso schräg wie das Y, das wir mit unseren Armen formten, wenn auf Klassenpartys »YMCA« von Village People aus den Lautsprechern dröhnte. Was soll so ein schnödes Ypsilon schon über meine Generation aussagen? Y, danach kommt im Alphabet nicht mehr viel. Nicht gerade ein Buchstabe für eine Generation, die die Zukunft noch vor sich hat.

Ich habe recherchiert, woher der Begriff stammt. Zum ersten Mal tauchte er angeblich 1993 in einem Artikel im Fachmagazin *Ad Age* auf. Ich habe *Ad Age* gegoogelt. Es ist eine Zeitschrift für Marketing und Media aus Detroit, die wöchentlich in einer Auflage von etwas mehr als 50 000 Exemplaren erscheint. *Ad Age* scheint mir kein besonders wichtiges Medium zu sein, zumindest nicht für Leute wie mich, die sich nicht sonderlich für Werbung interessieren.

Aber gut, irgendwer dort schuf die Generation Y, um zu beschreiben, was die Teenager der damaligen Zeit von der Generation X, den Geburtsjahrgängen von 1965 bis 1979, unterscheidet. Die

Generation Y bezeichnet also nichts weiter als die alphabetisch logische Nachfolge der Generation X. Das ist nicht der kreativste Einfall des Jahrhunderts. Und mal abgesehen davon, dass in dieser Logik die Menschheit nach der Generation Z, also bereits in wenigen Jahren, aufhören würde zu existieren, erweckt der Begriff einen falschen Eindruck. Er suggeriert, dass wir bloß die jüngeren, wenngleich gefühlt sehr viel jüngeren Geschwister der Generation X sind. Doch die Xer sind ganz anders als wir, dazu später mehr.

Trotz dieser Unzulänglichkeiten verwende ich in diesem Buch den Begriff der Generation Y – aus dem schlichten Grund, dass er es inzwischen zu einiger Bekanntheit gebracht hat und ich dem Leser nicht noch einen weiteren Namen zumuten möchte.

Für meine Generation wurden nämlich schon viele Wortschöpfungen bemüht: Nexters (weil wir die nächste Generation sind), Generation Nintendo, Net Generation, Cyberkids, Generation @ oder Digital Natives (weil wir nicht wie unsere Eltern »ins« Internet gehen, sondern »im« Internet leben), Trophy Kids (weil wir für alles Urkunden, Pokale und Trophäen bekommen haben, selbst wenn wir bloß anwesend waren) oder Millennials (weil wir um die Jahrtausendwende mit der Schule, dem Studium oder dem Beruf begonnen haben). Alle diese teilweise verqueren Sprachbilder (Generation Nintendo, was soll das sein, eine Horde kleiner Super Marios?) sind meiner Meinung nach noch viel schlechter geeignet, meine Generation zu beschreiben. Deshalb bleibe ich im Folgenden beim neutralen Begriff der Generation Y.

Der Name war also bereits in den 1990er-Jahren in der Welt und anfangs nicht mehr als eine Worthülse. Später fiel dann irgendjemand auf, dass Y im Englischen ausgesprochen wird wie *why* (warum). Ein schöner Zufall, denn meine Generation hinterfragt tatsächlich so ziemlich alles, was ihr über den Weg läuft: Schadet das Unternehmen der Umwelt? Ist das, was der Chef sagt, immer richtig? Warum sollten Karriere und Familie nicht vereinbar sein? Die

Generation Y/*Why* ist auch die Generation »Warum nicht?«. Wir kennen keine Grenzen, nur Grenzenlosigkeit.

Es gibt unterschiedliche Auffassungen darüber, bei welchem Geburtsjahrgang die Generation Y beginnt und bei welchem sie endet. Manche sagen, gemeint seien die zwischen 1984 und 1994 Geborenen, andere beziehen sich auf die Jahrgänge von 1977 bis 1995, wieder andere auf die zwischen 1980 und 2000. Ich halte diese Diskussion für unerheblich, Generationen enden ja nicht abrupt von einem Tag auf den nächsten. Es leuchtet mir nicht ein, warum zwei Menschen, von denen einer am 31. Dezember und der andere am 1. Januar geboren ist, zwei unterschiedlichen Generationen angehören sollen, nur weil dazwischen zufällig jemand eine Grenze gezogen hat. Vielmehr sind die Übergänge zwischen zwei Generationen fließend, und die Schnittmenge in den Randjahren ist groß.

Ich definiere meine Generation hier als die in den 1980ern bis Mitte der 1990er-Jahre Geborenen. Das macht mich, Jahrgang 1982, erstens zu einem Mitglied am älteren Rand der Generation und als Autorin dieses Buches nicht völlig unglaubwürdig. Und schließt, zweitens, all diejenigen aus, die heute noch zur Schule gehen und deshalb schlecht die Arbeitswelt umkrempeln können, wovon dieses Buch ja ausgeht. Das zweite ist ein notwendiges, das erste ein nützliches Argument.

Bekannt gemacht haben meine Generation die Autoren und Unternehmensberater Neil Howe und William Strauss im Jahr 2000 mit ihrem Buch *Millennials Rising*. Howe und Strauss sprachen von uns als »The Next Great Generation«, als die erste Generation, die in der US-Geschichte ähnliche Bedeutung erlangen könnte wie »The Greatest Generation«, die während der Großen Depression aufwuchs und anschließend im Zweiten Weltkrieg kämpfte, weshalb sie manchmal auch »GI Generation« genannt wird.

Ich halte dieses Gerede von »der nächsten großen Generation« in unserem Fall für ziemlich übertrieben. Man sollte Menschen in ihren 20ern nicht zu Helden machen, das verdirbt den Charakter. Außerdem bekommen wir schon so genug Aufmerksamkeit.

Schließlich sind viele von uns die Kinder von »Helikopter-Eltern«. Der Begriff kommt aus dem Amerikanischen und bezeichnet Eltern, die vor lauter Sorge ständig wie Helikopter über ihren Kindern kreisen und jeden ihrer Schritte aufmerksam verfolgen. Die meisten von uns sind Wunschkinder (was man sowohl am Siegeszug der Antibabypille als auch an den Erfolgen bei der künstlichen Fortpflanzung sieht). Viele sind ohne Geschwister aufgewachsen und genossen die ungeteilte Aufmerksamkeit von sechs Augenpaaren – die von zwei Eltern und vier Großeltern.

Von Geburt an wurden wir gefördert und gefeiert. Wir standen schon im Mittelpunkt, als wir noch gar nicht stehen konnten. Schon als Neugeborene hörten wir, dass wir das süßeste Baby der Welt seien. Als wir unsere ersten Schritte machten, schaute garantiert jemand zu, häufig durch die Linse einer Videokamera. Als wir das erste Mal auf etwas zeigten und »Gackgack« oder »Wauwau« brabbelten, wurden wir gelobt, als hätte der Bundespräsident uns gerade den Orden für das schlauste Kleinkind Deutschlands verliehen. Und selbst wenn wir beim Kinderturnfest nicht einmal einen Purzelbaum schafften, hat man uns ohne Vorankündigung eine Medaille um den Hals gehängt.

Das hat bei vielen von uns früh die Überzeugung geweckt, dass wir etwas ganz Besonderes sind. Dass wir alles, wovon wir träumen, auch erreichen können. Bundeskanzler werden? Trauen wir uns zu, aber der Job ist vielleicht doch zu stressig. Fußballprofi? Hätten wir uns nur damals nicht das Kreuzband gerissen. Rockstar? Schon 127 Leute mögen unser selbst gedrehtes Video auf YouTube! Wenn es uns an einem nicht mangelt, dann ist es ein unerschütterlicher Glaube an uns selbst.

Der US-Englischlehrer David McCullough brachte das auf den Punkt. An einem sonnigen Tag im Juni 2012 tritt er ans Rednerpult, vor ihm sitzt die Abschlussklasse der Wellesley High School, einer Kleinstadt bei Boston, die bekannt ist für ihre guten Bildungseinrichtungen. Etwa 2000 Schüler in traditioneller Festrobe aus roten Caps und Gowns blinzeln ins Sonnenlicht, einige tragen Sonnenbrillen, die so groß sind, dass sie nicht nur die Augen, sondern das halbe Gesicht abdunkeln. Die Schüler warten darauf, von ihrem Lehrer mit Lob und Ehre ins Leben entlassen zu werden.

Was dann folgt, ist ein zwölfminütiger Realitätscheck, der auf YouTube seither mehr als zwei Millionen Mal angeklickt wurde. »Niemand von euch ist etwas Besonderes«, platzt es aus Mr. McCullough nach ein paar Einleitungsfloskeln heraus. Einige Schüler schauen irritiert, manche kichern. Der Lehrer fährt fort: »Oh ja, ihr seid gepampert worden, verhätschelt, umschwärmt, behütet und eingewickelt in Noppenschutzfolie. Erwachsene, die eigentlich anderes zu tun hatten, haben euch gehalten, geküsst, gefüttert, euch den Mund abgeputzt, den Hintern abgewischt, euch angeleitet, unterrichtet, Nachhilfe gegeben, beraten, zugehört, Mut gemacht, sie haben euch getröstet und wieder Mut gemacht. Ihr seid angestupst, überredet und angefleht worden. Ihr seid gefeiert und hofiert worden, man hat euch Schätzchen genannt. Oh doch, das hat man!«

Wieder verlegenes Kichern. Doch an der ansonsten gespannten Stille kann man erkennen, dass McCulloughs Worte an den Schülern nicht abprallen wie die UV-Strahlen an ihren satellitengroßen Sonnenbrillen. Sie dringen durch. Im tiefsten Inneren wissen diese jungen Menschen, dass sie die behütetste Generation sind, die jemals diesen Campus verlassen hat. Doch was dann kommt, lässt ihr Selbstbild zerspringen wie ein Steinschlag die Fensterscheibe: »Aber bitte kommt nicht auf die Idee, dass ihr etwas Besonderes seid. Das seid ihr nicht«, ruft McCullough seinen ehemaligen Schülern zu. »Hier stehen etwa 2000 Absolventen. Im ganzen Land dürften es nicht weniger als 3,2 Millionen sein von etwa 37 000 Highschools. Das macht 37 000 Abschiedsredner, 37 000 Klassensprecher, 92 000 Chorstimmen, 340 000 Sportskanonen und 2 185 967 Paar Uggs-Stiefel. Selbst wenn einer von euch unter einer Million Menschen hervorstechen würde, dann wären auf unserem Planeten mit seinen 6,8 Milliarden Menschen immer noch fast sieben Millionen wie er. Astrophysiker versichern uns, dass das Universum keinen Mittelpunkt hat. Also könnt auch ihr nicht der Mittelpunkt sein. (…) Wenn jeder etwas Besonderes ist, dann ist es niemand mehr. Wenn jeder eine Auszeichnung bekommt, dann gelten Auszeichnungen nichts mehr. Leider neigen wir Amerikaner mittlerweile dazu, die Auszeichnungen mehr zu lieben als die Leistung.«

Ich habe mir die Rede von McCullough zweimal auf YouTube angesehen und glaube, dass das, was der Lehrer so schonungslos beschreibt, nicht bloß ein amerikanisches Phänomen ist. Auch hierzulande halten sich viele Heranwachsende für den Mittelpunkt des Universums. Ich musste an meine eigenen Urkunden, Pokale und Wimpel denken. Ich habe zehn Jahre lang Leichtathletik betrieben und war in meiner Jugend eine ganz passable Mittelstreckenläuferin. Zumindest dominierte ich einige Jahre lang die Kreis- und Bezirksmeisterschaften im 800-Meter-Lauf. Es waren Amateurerfolge, aber meine Mutter schnitt jeden Artikel über mich in der Lokalzeitung aus und rahmte meine schönsten Urkunden ein, bis in meinem Kinderzimmer keine Wand mehr frei war. Auf meine erste Medaille war ich so stolz, dass ich den ganzen Tag damit herumlief. Ja, ich gestehe, auch ich bin ein *Trophy Kid*.

Dabei würde ich nicht sagen, dass meine Eltern mich verwöhnt haben, zumindest bekam ich längst nicht alles, was ich wollte (zum Beispiel nicht die teuren Vans-Schuhe, die damals angesagt waren). Meine Eltern waren sogar ziemlich knausrig mit dem Taschengeld (jedenfalls bekamen meine Freundinnen mehr als ich). Mit 13 hatte ich meinen ersten Schülerjob und trug Zeitungen aus, später arbeitete ich in der Küche eines Seniorenheims. Auch im Haushalt mussten meine Schwester und ich mithelfen – die eine machte die

Wäsche, die andere putzte das Bad. Wir verbrachten auch viele Samstage auf dem Lagerplatz, wo wir Bausprieße in der Firmenfarbe anstrichen oder Schaltafeln säuberten. Meine Eltern führen ein Bauunternehmen, sie haben immer viel gearbeitet, häufig auch am Wochenende, und so konnten sie gar nicht wie Helikopter über mir kreisen.

Und doch bin ich, ist meine Generation verwöhnt – verwöhnt von Liebe und Zuwendung. Unsere Eltern sind auf uns eingegangen, haben uns zum Mittelpunkt der Familie gemacht, hätten alles für uns getan (und tun es heute noch). Sie haben uns in dem Glauben erzogen, dass wir ein Anrecht auf Glück und Selbstverwirklichung haben. Euch steht die Welt offen! Lebe deinen Traum! Suche das Glück! Das waren die Ratschläge, die unsere Eltern uns mit auf den Weg gaben.

Mein Vater hatte insgeheim gehofft, dass eine seiner Töchter seine Baufirma einmal übernehmen würde. Die Firma ist sein Lebenswerk, er hat sie aufgebaut und führt sie seit nunmehr 25 Jahren mit großer Leidenschaft. Aber kein einziges Mal hat er diesen Wunsch vor meiner Schwester oder mir offen geäußert. Er wollte nicht, dass wir einen Traum leben, der nicht unser eigener war. Wir sollten unseren eigenen Weg gehen.

Wir sind mit unzähligen Optionen groß geworden, hatten immer schon die Wahl, durften entscheiden, wohin die Familie in Urlaub fährt, welchen Fernseher sie anschafft und welchen Hund sie sich zulegt. Ob wir zum Schüleraustausch nach Amerika oder lieber nach Spanien wollten. Wir haben früh gelernt, unsere Meinung zu äußern, und erfahren, dass sie Gewicht hat. Unsere Eltern haben versucht, uns zu selbstbewussten Menschen zu erziehen, weil sie der Meinung waren, dass sich starke Persönlichkeiten in einer unsicheren (Arbeits-)Welt leichter zurechtfinden. Sie wollten vor allem eines: ihre Kinder anders erziehen, als sie selbst erzogen wurden.

Wie sich die Erziehungsstile gewandelt haben, lässt sich gut am *Generationen-Barometer* ablesen, den das Institut für Demoskopie Allensbach im Jahr 2009 erstellt hat. Die Marktforscher befragten dafür 2200 Deutsche ab 16 Jahren und verglichen die Erfahrungen, die verschiedene Generationen in ihrer Kindheit gemacht hatten.

Eine Frage war, ob die Befragten von ihren Eltern viel Aufmerksamkeit bekommen haben. Von den unter 30-Jährigen bejahten das 61 Prozent, aber nur 39 Prozent der 45- bis 59-Jährigen. Bei den 60-Jährigen und Älteren waren es sogar nur 34 Prozent. Aufmerksamkeit ist ein Gut, das überall immer knapper wird, nur nicht bei den eigenen Kindern. Die Hälfte der Jungen gab an, als Kind »oft gelobt« worden zu sein – etwas, das in der Gruppe der über 60-Jährigen nur jeder Fünfte kannte. Während jeder Zweite der unter 30-Jährigen berichtet, dass die Eltern die eigenen Interessen stark gefördert hätten, stimmte dem in der Gruppe 60plus nur jeder Fünfte zu. 53 Prozent der Jungen sagten, ihre Eltern hätten ihnen viel geboten, von den Älteren sagten das nur 18 Prozent. Keine Generation wurde je so gelobt, gefördert und verwöhnt wie meine.

Mein Vater ist jetzt Anfang 60. Als Kind, erzählt er, habe er wie fast alle Jungs gerne Fußball gespielt – wenn man das Fußball nennen konnte, was er und seine Freunde mit einem kleinen Gummiball und zwei selbst gebastelten Toren auf dem Dorfplatz veranstalteten. Einmal sah der Trainer des örtlichen Fußballvereins zu und fragte meinen Vater anschließend, ob er in einer richtigen Mannschaft spielen wolle. Er besuchte sogar meine Großeltern und versuchte, sie vom Talent ihres Sohnes zu überzeugen. Doch die erlaubten nicht, dass mein Vater im Verein spielte, weil er dafür ein Paar Fußballschuhe gebraucht hätte. Die konnten sich meine Großeltern nicht leisten. Das ist der Grund, warum mein Vater nie im Fußballverein war und sich damit begnügen musste, mir ein paar Balltricks beizubringen (die mir später im Sport-Leistungskurs einmal die Note retteten).

Ich bin 30 Jahre jünger als mein Vater und ging als Kind erst ins Turnen und dann zum Voltigieren, als Jugendliche war ich in der Leichtathletik und gleichzeitig im Tennisklub aktiv. Heute bin ich Mitglied in der Marathonabteilung des FC St. Pauli. Ich hatte als Kind jahrelang Flötenunterricht und spielte später Gitarre bei einem antiautoritären Lehrer mit Korkenzieherlocken (weshalb ich bis heute nur drei Akkorde spielen kann). Mein Vater hat nie ein Instrument gelernt, mit über 40 brachte er sich selbst ein paar Lieder auf dem Keyboard bei.

Ich lernte zwei Instrumente, übte vier Sportarten aus, war während des Gymnasiums ein Jahr in den USA und während des Studiums sechs Monate in Guatemala. Meine Eltern dagegen wurden zu ihrer Zeit kaum gefördert. Meine Mutter hatte die Empfehlung für eine weiterführende Schule erhalten, aber meine Großeltern schickten sie zurück auf die Dorfschule, wo die Schüler von der ersten bis zur achten Klasse in einem Raum unterrichtet wurden – von einem einzigen Lehrer. Sie waren der Meinung, dass eine höhere Bildung später nicht von Nöten sei – als Hausfrau und Mutter. Mein Vater erzählt, wie er nach der Schule nach Hause kam und gleich aufs Feld oder in den Stall musste, um meine Großeltern auf dem Bauernhof zu unterstützen. Erst abends machte er seine Hausaufgaben (wenn er dafür nicht zu müde war). Mit 14 Jahren verließ er die Schule und machte eine Maurerlehre.

Seit den 1950er- und 1960er-Jahren, als meine Eltern Kinder waren, hat sich die Erziehung in deutschen Haushalten stark verändert. »Ich bin ziemlich streng erzogen worden« – dieser Aussage stimmten 64 Prozent der über 60-Jährigen im *Generationen-Barometer* zu, bei den unter 30-Jährigen sind es nur 23 Prozent. Mehr als ein Drittel der Älteren wuchs noch mit Schlägen auf, fast die Hälfte wurde mit Ohrfeigen bestraft. Auch in den Schulen gab es noch die Prügelstrafe. Heute hingegen berichten zwei Drittel der unter 30-Jährigen, dass, wenn sie als Kind etwas angestellt hatten, ihre Eltern mit ihnen anschließend darüber geredet hätten. Eltern erklären Kindern heute, was sie falsch gemacht haben.

Früher hingegen wurden Kinder dazu erzogen, sich in eine Ordnung einzufügen, sich zurückzuhalten und bescheiden zu sein. Heute versuchen Eltern, ihre Kinder zu selbstbewussten Menschen zu erziehen. 89 Prozent der Eltern von Kindern unter 16 Jahren möchten ihren Kindern Selbstvertrauen vermitteln, 71 Prozent Durchsetzungsfähigkeit, 55 Prozent Willensstärke. Und 78 Prozent der Eltern versuchen, durch ihre Erziehung dazu beizutragen, dass Kinder ihre persönlichen Fähigkeiten entfalten.

Und noch einen Unterschied gibt es zwischen den Generationen: Unsere Eltern taten alles, um uns anders zu erziehen, als sie selbst erzogen worden sind. Wir hingegen wollen unseren Nachwuchs einmal so erziehen, wie unsere Eltern uns erzogen haben. Das jedenfalls gaben drei Viertel der Jugendlichen in der Shell-Jugendstudie von 2010 an. Ein größeres Lob für Mütter und Väter gibt es wohl nicht.

Besonders rebellisch ist meine Generation also nicht, aber dann: Wieso sollte sie auch? Wir sind mit vielen Freiheiten aufgewachsen, durften unsere Interessen ausleben, in unseren Eltern sahen wir eher Berater denn Befehlshaber. Es gibt für uns schlichtweg keinen Grund, gegen unsere Kindheitserfahrung zu rebellieren.

Meine Generation ist seit jeher mit größerem Selbstbewusstsein ausgestattet als unsere Eltern. Befördert wird das Ganze dadurch, dass wir heute in viel größerer Zahl Universitäten und höhere Schulen besuchen als die Generation unserer Eltern. Doch wann wird aus Selbstvertrauen Selbstüberschätzung? Wann aus Durchsetzungsfähigkeit Rücksichtslosigkeit?

Auch das lässt sich am *Generationen-Barometer* ablesen. Danach haben fast zwei Drittel der Bevölkerung den Eindruck, dass Kinder heute verwöhnter seien »als früher« (63 Prozent), dass sie mehr Wert auf materiellen Besitz legten (62 Prozent), insgesamt mehr verlangten (62 Prozent) und zudem auch weniger Rücksicht auf andere

Menschen nähmen (58 Prozent). »Ein Kernvorwurf der Bevölkerung an die heutige Erziehung lautet mithin, dass sie eher Egoisten, ja kleine Haustyrannen schaffe als die Erziehung vor einigen Jahrzehnten. Gefahren drohen danach inzwischen weniger von der autoritären Persönlichkeit als vom Verlust der Autorität«, heißt es im Bericht zur Studie.

Natürlich ist das Lästern über die jüngere Generation so alt wie die Menschheit selbst. Doch eines müssen ich und meine Altersgenossen eingestehen: Im Vergleich zu unseren Eltern sind wir kleine Prinzen und Prinzessinnen, die mit sehr viel Aufmerksamkeit und Zuwendung aufgewachsen sind. Das hat uns zu einer selbstsicheren Generation gemacht, aber auch zur anspruchsvollsten und verwöhntesten aller Zeiten.

Das ist nicht allein das Verdienst (oder die Schuld) unserer Eltern. Wir sind auch das Produkt unserer Zeit. Wir sind mit unzähligen Optionen groß geworden, mit einer schier unendlichen Zahl von Wahlmöglichkeiten. Während unsere Eltern als Kind maximal drei Fernsehprogramme kannten, können wir die Kanäle nicht mehr zählen, die wir über Satellit empfangen – und im Internet ist jede Sendung, jeder Film nur ein paar Klicks entfernt.

Früher gab es einen Stromlieferanten, einen Telefonanbieter, einen Briefzusteller. Heute gibt es Portale im Internet, welche die Preise von zig privaten Anbietern vergleichen. Wir haben die Wahl zwischen Dutzenden Marmeladensorten, Hunderten Reisezielen und gefühlt doppelt so vielen Varianten, wie wir unseren Kaffee im Coffeeshop trinken möchten.

Das überfordert uns manchmal, aber die gute Nachricht ist: Wir kommen damit klar. Wir sind es gewohnt, mit einem Überfluss an Informationen umzugehen. Wir kennen es nicht anders und, ja, wir wollen es auch nicht anders. Das hat der schwedische Wissenschaftler und Unternehmensberater Anders Parment herausgefunden, nachdem er Hunderte Studenten aus Europa, den USA, Mexiko und Indien befragt hat. Ein Ergebnis: Nicht einmal drei Prozent der Befragten sagten, die vielen Optionen würden sie verunsichern und frustrieren. Alle anderen sind froh darüber, die Wahl zu haben. 18 Prozent wünschen sich sogar noch mehr Wahlmöglichkeiten. »All diese Wahlmöglichkeiten fördern den Individualismus«, schreibt Parment, und im Gegensatz zur Generation der Babyboomer, die zwischen 1955 und 1965 zur Welt kamen, »hat Kollektivismus die jungen Menschen von heute nie angesprochen«.

Manche Journalisten mögen uns für wählerisch halten »wie eine Diva beim Dorftanztee«, aber in Wahrheit haben wir uns einer Welt angepasst, die immer individualistischer wird und in der ein normaler Supermarktbesuch in einem multioptionalen Entscheidungsmarathon endet.

Die Kehrseite dieser Entscheidungsfreiheit ist, dass wir höllische Angst haben, etwas zu verpassen. Wir sind *Fomos*, das ist das Akronym für *the fear of missing out*. Sich angesichts einer endlosen Fülle von Wahlalternativen für die falsche zu entscheiden, das ist die größte Angst der *Fomos*. Uns stehen so viele Türen offen, dass wir uns nicht mehr trauen, durch eine zu gehen, weil es ja gerade die falsche sein könnte. Wir können aus Hunderten von Studiengängen wählen. Wie sollen wir da sicher sein, welcher der richtige ist? Wir reisen als Rucksacktouristen durch Südostasien und sind gestresst, weil wir nicht wissen, was wir zuerst machen sollen: die Fahrt mit dem Bamboo Train oder Wildwasserrafting im Gummireifen? Der *Lonely Planet* wird ja auch immer dicker. Und wenn wir einmal nicht unsere Mails checken oder bei Facebook vorbeischauen, passiert garantiert genau dann etwas Wichtiges, und wir sind die Letzten, die es erfahren. Eine Horrorvorstellung für *Fomos*!

Aus ständiger Furcht, etwas zu verpassen, aktivieren wir den Eilmeldungsalarm auf *Spiegel Online* und lassen uns Mails im Push-Verfahren aufs Smartphone schicken. Manche von uns entwickeln das, was Soziologen Phantomvibrationen nennen: Sie spüren die typische Vibration des Handys selbst dann am Oberschenkel, wenn sie es gar nicht in der Hosentasche haben.

Wenn wir schon bei der Technologie sind, ist es Zeit, ein Missverständnis über meine Generation aus der Welt zu schaffen: Ältere Menschen denken, wir Jungen seien Technik-Freaks. Das stimmt nicht. Meine Generation ist im Grunde überhaupt nicht technikaffin, wir sind nur abhängig von der Technik. Das ist ein großer Unterschied. Wir wissen nicht, wie das Internet funktioniert, haben keine Ahnung von TCP/IP-Protokollen, und Programmcodes lesen wir wie Hieroglyphen. Wir wissen nur, dass wir ohne die neuen Kommunikationstechnologien nicht leben können. Sie sind unser ausgelagertes Ich. Deshalb ist das iPhone auch unser liebstes Handy, weil es so intuitiv zu bedienen ist, dass sogar unsere Eltern damit klarkommen.

76 Prozent der 18- bis 30-Jährigen weltweit besitzen ein Smartphone, in Westeuropa sind es 79 Prozent, in Asien sogar 83 Prozent. 74 Prozent haben einen Laptop, 50 Prozent einen Computer. Das geht aus der *Global Millennial Studie* des Telekommunikationskonzerns Telefónica vom Juni 2013 hervor. Im Schnitt ist meine Generation jeden Tag sechs Stunden online. Fast alle sind Mitglied eines sozialen Netzwerks und wenn Facebook mit seinen mehr als einer Milliarde Nutzern künftig noch weiter wachsen will, dann sicherlich nicht mit uns. Denn wir sind schon alle dort.

Wenn wir uns trotzdem mal eine E-Mail schicken, dann stellt sich immer die Frage: An welchen Account? Denn natürlich haben wir alle eine E-Mail-Adresse, jeder Dritte von uns hat sogar drei, wie die Wirtschaftsprüfer von PricewaterhouseCoopers in einer globalen Befragung herausgefunden haben.

Wir sind die erste Generation, die im Internet sozialisiert wurde, aufgewachsen mit neuen Technologien, die in immer kürzeren Abständen die alten ablösten. 1979 kam der Walkman, 1982 die CD, 1983 das erste kommerzielle Handy. Nach den MP3-Playern kamen

Smartphones, Netbooks und Tablets. Und dann die ganzen Apps, die heute jedes erdenkliche Informationsbedürfnis mit einem kleinen Programm befriedigen. Wir haben die neuen Technologien in unser Leben integriert wie unseren Morgenkaffee.

Ich bin niemand, der 100 verschiedene Apps auf seinem Handy hat, aber manchen vertraue ich mehr als meinen eigenen Sinnen. Bevor ich joggen gehe, checke ich zum Beispiel die Wetter-App auf meinem Smartphone, anstatt kurz auf den Balkon zu treten. Und wenn ich auf Recherche in einer fremden Stadt bin, denke ich gar nicht daran, mir vorher anzuschauen, wohin ich muss. Ich habe ja Google Maps dabei.

Wir sind mit Breitband, Laptop und sozialen Medien groß geworden, eng vernetzt und gut informiert. Die Egalität des Internets, wo jeder jederzeit auf das Wissen der Welt zugreifen kann, haben wir verinnerlicht. Wir müssen nicht mehr alles wissen, wir müssen nur wissen, wo wir etwas finden. Jede Information ist irgendwo im Netz verfügbar, das Wissen dieser Welt nur wenige Klicks entfernt.

Wir erwarten deshalb auch, dass wir Zugang zum Internet haben, überall und jederzeit. Ich überlege gerade, Teile meines Buchs bei meinen Eltern in Süddeutschland zu schreiben, doch eine Sache lässt mich zögern: Die Internetverbindung ist nur halb so schnell wie in meiner Hamburger Wohnung. Das ist ein gewichtiger Grund. Auch wenn Hotels für den WLAN-Zugang Geld verlangen, empfinde ich das als moderne Form der Schikane. Das ist so, als würde man die Gäste fürs Duschen bezahlen lassen.

Es ist nicht nur das ständige *Online*-Sein, das meine Generation daran gewöhnt hat, dass alle Informationen immer und überall verfügbar sind. Auch ganz normale Dinge wie bezahlen, einkaufen oder reisen erledigen wir heute anders. Als mein Mann und ich neulich zum Wandern in Südtirol waren, fiel uns auf, dass wir gar kein Bargeld mitgenommen hatten. Warum auch? Wir haben ja Visa-Karten, mit denen wir überall auf der Welt an Geld kommen und bezahlen können (mit Ausnahme in unserer Feriensiedlung am Karersee).

Wenn wir in Hamburg unterwegs sind und keine Lust haben, auf den Bus zu warten, nehmen wir das car2go an der nächsten Ecke (natürlich ist das ein Privileg der Städter). Ich frage mich auch, wie ich jemals in einem Dorf leben konnte, wo die Läden unter der Woche um 18 Uhr und samstags um 13 Uhr zumachten. In Hamburg hat Rewe bis 24 Uhr geöffnet, Edeka bis 22 Uhr. Ich weiß das, denn ich bin eine Nach-20-Uhr-Einkäuferin.

Deshalb verpasse ich auch regelmäßig die *Tagesschau*. Aber macht nichts, es gibt ja eine App dafür, auf der man sich die Sendung später anschauen kann. Neulich haben wir unseren Fernseher zum Recyclinghof gebracht. Es war ein altes Röhrengerät, das bis auf einen kleinen Wackelkontakt noch voll funktioniert hat. Wir brachten es weg, weil wir feststellten, dass wir überhaupt nicht mehr fernsehen, zumindest nicht im klassischen Sinn. Wenn uns eine Sendung interessiert, dann schauen wir sie uns in der Mediathek von ARD oder ZDF auf dem Laptop an – zu einer Zeit, die uns passt und nicht von der Fernsehzeitschrift vorgegeben wird. Die Bundesliga-Tore des Spieltags sieht mein Mann per App auf dem Smartphone. Filme und Serien leihen wir auf iTunes (oder von Freunden). Dann können wir gucken, wann wir wollen und so lange wir wollen (auch zehn *Homeland*-Folgen hintereinander). Um fernzusehen, brauchen wir keinen Fernseher mehr, weshalb wir beschlossen haben, uns erst mal kein neues Gerät anzuschaffen.

Wenn alles jederzeit verfügbar ist, hat das natürlich Auswirkungen auf unser Verhalten. Wir haben eine kurze Aufmerksamkeitsspanne. Wir sind wahnsinnig ungeduldig. Wir wollen alles immer sofort. Und ich wette, dass Ungeduld die meistgenannte Antwort ist, wenn meine Generation im Bewerbungsgespräch nach ihren Schwächen gefragt wird (ist ja auch klüger, als zu sagen, wir könnten uns nicht konzentrieren).

So sind wir: behütet aufgewachsen, gut vernetzt, gewohnt daran, alles sofort zu haben. Mit diesem Selbstverständnis betreten wir die Berufswelt und haben keine Scheu, zu sagen, was wir denken. Wir wissen, was wir wollen: Anders leben. Anders arbeiten. Anders sein.

02 / NICHT ALLE, ABER VIELE

Als ich das erste Mal von der Generation Y hörte, dachte ich: Nicht noch ein Label! Eigentlich hat mich das immer gelangweilt, das Schwadronieren darüber, was meine Generation angeblich ausmacht und wie wir uns von unseren Eltern und Großeltern unterscheiden. Nur, um dann ein Etikett angeheftet zu bekommen, das so wenig über meine Person aussagt wie die Tatsache, dass ich zufällig zu einer bestimmten Zeit geboren bin.

Viele in meinem Alter haben mehr mit ihren Eltern gemein als mit Gleichaltrigen. Es gibt 30-Jährige, die einem vorkommen wie 50, und 50-Jährige, die sich fühlen wie 30 (so wie manche *Zeit*-Kollegen, mit denen ein gemütliches Feierabendbier in einer ausgewachsenen Kieztour enden kann). Und wenn es doch Unterschiede gibt, sind die nicht eher dem Alter geschuldet als der Generation an sich? Waren die Jungen nicht schon immer anders als die Alten (oder glaubten, es zu sein), bis sie ihnen dann von Jahr zu Jahr immer ähnlicher wurden?

Generationenbegriffe haben etwas pauschal Vereinnahmendes, etwas stumpf Kollektivistisches. Sie widerstreben meiner Überzeugung, jeden Menschen als Individuum zu betrachten. Man sollte keine Generation in eine Schublade stecken, nur um hinterher irgendeinen Namen draufschreiben zu können.

Überhaupt, so schnell, wie die Deuter da draußen neue Wortschöpfungen für meine Generation erfinden, können wir gar nicht nachwachsen. War nicht erst neulich die Rede von der Generation Porno, die durch die dauerverfügbare Pornografie im Internet angeblich sexuell völlig desillusioniert ist? Oder was ist mit der Generation Umhängetasche, die auf der Milchkaffeerampe ins Glück surft und irgendetwas macht, das sie Arbeit nennt? Oder, fast vergessen, die Generation Praktikum, die sich – gut ausgebildet – von einer Projektstelle zur nächsten hangelt, in der Hoffnung, irgendwann ein Unternehmen zu finden, das einen Einjahresvertrag mit mieser Bezahlung in Aussicht stellt? Ich fühle mich von keinem dieser Labels getroffen, ich fühle mich nicht einmal gestreift.

Warum jetzt also die Generation Y und der Versuch, die nach 1980 Geborenen erneut einzuordnen? Was bitte hat ein promovierter Unternehmensberater mit einer alleinerziehenden Mutter ohne Berufsausbildung gemein, außer vielleicht der Tatsache, dass sie zufällig im gleichen Jahr geboren sind? Und leben eine Elitestudentin mit Oberschichteltern und ein Aushilfskellner, der nebenbei noch Pakete ausfährt, damit es fürs Leben reicht, nicht in grundverschiedenen Welten? Ist es nicht anmaßend zu glauben, man könnte diese Menschen mit ihren ganz unterschiedlichen Lebensentwürfen unter einem Y zusammenfassen, das eine ganze Generation stilistisch auf drei Striche reduziert?

Das ist so, als versuchte man, alle um die 20-Jährigen in eine Hose der gleichen Größe zu stecken – ob Mann, ob Frau, riesig oder kleinwüchsig, rund oder schlank. Die eine wird in der Hose versinken, der andere kriegt den Knopf nicht zu. Das kann nicht klappen, das muss doch scheitern!

Unter Sozialwissenschaftlern ist das Generationenkonzept umstritten. »Die Jugend gibt es nicht«, lautet eine soziologische Binsenweisheit. Zu groß seien die kulturellen Unterschiede und sozialen Widersprüche, welche die Mitglieder einer Generation entzweiten. Durch die Jugend verläuft ein Riss, es sind sogar ganz viele Risse. Der Jugendforscher Bernhard Heinzlmaier vergleicht das in seinem Buch *Performer, Styler, Egoisten* mit einer Fensterscheibe, »die nach dem Aufprall eines Steines nicht vollkommen zersplittert ist, aber nur mehr eine höchst fragile, von Sprüngen durchzogene Einheit bildet«.

Was mich interessiert, ist, was die Scheibe davon abhält, in tausend Einzelteile zu zerspringen. Woraus besteht der Rahmen, der die Glassplitter am Ende doch als Einheit zusammenhält? Aus was besteht das verbindende Element? Für mich sind das Erfahrungen, Werte und Prägungen, die eine Generation teilt. Es sind gesellschaftliche Bedingungen, denen wir alle in gleichem Maße ausgesetzt sind und die am Ende trotz aller Unterschiedlichkeiten ähnliche Denk- und Verhaltensweisen verankern, unabhängig von der Herkunft und dem Milieu, in dem der Einzelne sich bewegt.

Die Generation Y, das ist dieser gemeinsame Rahmen, der sehr viel Unterschiedliches vereint. In meiner Generation besteht er aus dem Aufwachsen in friedlichen und relativ wohlhabenden Zeiten. Mit Eltern, für die wir das Größte sind, und die uns im Glauben erzogen haben, dass uns alle Türen offen stehen. In einer sich schnell wandelnden Welt, in der alles zwar möglich, aber nichts von Dauer ist.

Es sind Weltereignisse wie die Wiedervereinigung, die Terroranschläge des 11. Septembers, die globale Finanz- und Wirtschaftskrise, die uns geprägt und das Unideologische, das Ungewisse und Unstete zu unserem Lebensgefühl erhoben haben. Die aber auch den Glauben an uns selbst festigten. Egal, was passiert, wir können es schaffen. Wir vertrauen auf uns. Diese Kindheits- und Jugenderfahrungen machen uns zu mehr als einer biologischen Einheit, die zufällig um die gleiche Zeit in Deutschland erwachsen wurde.

Und doch: Die Generation Y, das sind nicht alle nach 1980 Geborenen. Es sind vor allem die materiell abgesicherten Mittelschichtkinder mit einem Hochschulabschluss oder einer guten Berufsausbildung. Soziologen zählen dazu im Kern etwa ein Viertel der heute 20- bis Anfang 30-Jährigen. Die Generation Y ist eine Elite. Doch sie eignet sich meiner Ansicht nach deshalb als Gesinnungsbarometer für eine ganze Altersgruppe, weil gesellschaftliche Veränderung häufig von einer Avantgarde ausgeht. Die übrigen drei Viertel der Generation orientieren sich tendenziell am oberen Viertel und versuchen, ihm nachzueifern. Das Y ist nicht die ganze Generation, doch es bestimmt maßgeblich, wie sie von außen wahrgenommen wird. So wie Minderheiten häufig das Bild der Mehrheit prägen.

Die 68er etwa, der Phänotyp aller Generationen, machte auch nur einen Bruchteil der Altersgruppe aus. Es gab damals noch viel weniger Studenten als heute, und selbst davon war nur eine Minderheit aktives Mitglied der Protestbewegung. Die meisten jungen Menschen besetzten während der Studentenrevolte keine Hörsäle, sie liefen nicht fahnenschwenkend durch die Republik und riefen: »Ho, Ho, Ho Chi Minh«. Die meisten gingen arbeiten. Mein Vater zum Beispiel machte 1968 gerade seine Maurerlehre in der fränkischen Provinz und war abends schlicht zu müde (und vielleicht auch nicht politisch genug), um über Marx und Engels zu diskutieren. Die 68er waren nur die markantesten Vertreter ihrer Zeit, und dennoch spiegelt sich in ihnen eine Erfahrungswelt, die rückblickend einer ganzen Altersgruppe zugeschrieben wird.

Wie sieht er also aus, der Prototyp des Ypsiloners? Ich stelle ihn mir so vor: Er heißt Sebastian, ist 26, Sohn eines Architekten und einer Grundschullehrerin, aufgewachsen in einer Kleinstadt, der er für ein Highschool-Jahr in Oklahoma entflohen ist. In seiner Jugend spielte er Saxofon, und nebenbei brachte er sich selbst Gitarre bei. Sebastian ist ein mäßig ambitionierter Sportler, im Fußballverein war er nie, aber er spielt ganz ordentlich Tischtennis. Er spricht

Englisch und Französisch und besuchte im Gymnasium freiwillig die Spanisch AG. Sebastian ist ein netter Kerl, der ohne großen Widerstand durchs Leben geht.

Nach dem Abitur zog er in die Landeshauptstadt, um dort Ingenieurwesen mit irgendeinem speziellen Begleitfach zu studieren. Seine Eltern finanzierten ihm das Studium und das Auslandssemester in Stockholm. Nach dem Masterabschluss schrieb er drei Bewerbungen und erhielt drei Zusagen. Er entschied sich für BMW und arbeitet dort nun seit einem Jahr in der Abteilung, die den i3 entwickelt hat, das erste Elektroauto des Münchner Autobauers. Das war Sebastian wichtig. Er fährt gerne Auto, aber lieber noch fährt er in dem Wissen, dass er dabei die Umwelt schont.

Reden wir hier also nur von einer Elite, die sich die Jobs aussuchen kann? Von Ingenieuren, Computerspezialisten, Betriebswirten? Was ist mit denen, die auf dem Arbeitsmarkt weniger begehrt sind? Die froh sind, wenn sie überhaupt irgendwo unterkommen?

Die Idee zu diesem Buch entstand nach einer Titelgeschichte in der *Zeit*, die ich gemeinsam mit zwei Kollegen Anfang 2013 recherchiert habe. Es ging darin um die Generation Y, die ihre hohen Erwartungen in der Berufswelt durchsetzen kann, weil sie um ihre eigene Begehrtheit weiß. Nachdem die Geschichte erschienen war, erreichten uns so viele Briefe und Mails von Lesern wie selten zuvor zu einem Artikel. Viele waren zustimmend, einige waren aber auch sehr kritisch.

Eine junge Leserin aus Stuttgart schrieb einen Brief, den wir in der *Zeit* abdruckten, und der mich nachdenklich machte: »Die Generation X sagte gerne: ›Euch steht die ganze Welt offen.‹ Wie meine Eltern, die tatsächlich immer hinter mir standen. Ich habe ihnen geglaubt. Dann kamen viele Bewerbungen und lange Bewerbungsgespräche. Mir stand die Welt so offen, dass ich zurück zu meinen Eltern aufs Land gezogen bin und mich damit auseinandersetzen musste, nicht das machen zu können, was ich mir beruflich erhofft hatte. Meine Ansprüche sanken, mein Selbstwertgefühl mit, und ich hätte viele schlechte Arbeitsbedingungen angenommen. Ich wäre gern in die Welt hinausgegangen, habe aber nicht mal mein Bundesland verlassen.«

Und dann zählt sie auf, wie es ihren Freundinnen ergangen ist: »Eine Y-Freundin von mir akzeptierte einen Arbeitsvertrag mit null Urlaubstagen, eine andere machte ihr drittes Praktikum in Folge, die nächste fing mit einer Teilzeitstelle an. Die, die an der Uni promovierten, hatten es da vergleichsweise gut, unbezahlte Überstunden, schlechte Bezahlung, Sechs-Monats-Verträge inklusive. Welche Welt«, fragte sie anklagend, »steht uns also offen, welche ungewöhnlichen Ansprüche können wir stellen, und wo ist unsere Qual der Wahl?«

Diese junge Leserin fühlte sich, obwohl sie demografisch zur Generation Y gehört, von unserem Artikel nicht angesprochen, vielleicht fühlte sie sich sogar verhöhnt. Die Generation Y, die sich im Beruf verwirklichen kann, deckt sich nicht mit ihrer eigenen Erfahrungswelt. Und sie ist damit nicht allein. Auch in der Redaktionskonferenz gab es nach unserem Artikel eine kontroverse Diskussion über die Frage, ob das Y Gültigkeit für eine ganze Altersgruppe haben kann. Eine Woche später veröffentlichten wir in der *Zeit* eine Entgegnung von Simon Kerbusk, Chefredakteur des Studentenmagazins *Zeit Campus* und selbst Jahrgang 1986.

Kerbusk schrieb: »Eine bemerkenswerte Wende. Schließlich war vor Kurzem noch die Rede von der ›Generation Praktikum‹. Wer heute studiert, ist einem Lebenslaufdruck ausgesetzt wie keine Generation zuvor. Jahrelang trichterten Dozenten und Personalchefs den Studenten ein: Deutsche Absolventen sind zu alt, ihnen muss das Bummelstudium ausgetrieben werden. Sie sollen mit Bestnote abschneiden, Erfahrung im Ausland sammeln, eine zweite, besser eine dritte Fremdsprache beherrschen, Praktika absolvieren und sich nebenbei noch ehrenamtlich engagieren (…) Wer in diesem

Klima Sorge hat, der eigene Lebenslauf sei nicht perfekt genug, für den klingt die Rede von der lässigen und selbstbewussten Generation Y wie Hohn.«

Die Generation Y polarisiert. Und es stimmt, nicht alle Altersgenossen starten so leicht und unbekümmert ins Berufsleben wie Sebastian, der sich den Job aussuchen konnte. Und nicht alle blicken so optimistisch in die eigene Zukunft. Doch es gibt zwei Missverständnisse über die Generation Y, die ich hier ausräumen möchte.

Das erste Missverständnis ist die Generation Praktikum, die vor wenigen Jahren eine breite Debatte auslöste und bis heute unsere Eltern (und viele Altersgenossen) glauben lässt, alle Jungen seien prekär beschäftigt. Das Problem: Die Generation Praktikum gab es nie in dem Ausmaß, das ihr zugeschrieben wurde. Sie ist ein Phänomen, das durch die Brille der Medien weitaus größer erscheint, als es in Wirklichkeit ist. Es stimmt, dass viele junge Journalisten, Werber, Lektoren auch nach dem Studium noch unbezahlte Praktika machen und sich anschließend mit freier Mitarbeit oder schlecht bezahlten Projekten über Wasser halten. An der Henri-Nannen-Journalistenschule etwa bewarben sich zuletzt 2300 angehende Journalisten auf gerade einmal 20 Plätze, das macht 115 Bewerber für eine Stelle. Und selbst nach dieser renommierten Ausbildung ist eine Festanstellung im Journalismus keinesfalls sicher.

Es gibt sie, die arbeitslosen Germanisten und Philosophen, die Hunderte Bewerbungen schreiben und nur Absagen kassieren (wenn sie überhaupt eine Antwort bekommen). Die irgendwann so verzweifelt sind wie die Freundinnen der Leserbriefschreiberin, dass sie Arbeitsverträge mit null Urlaubstagen, skandalöser Bezahlung und maximaler Unsicherheit akzeptieren. Zusammen bilden sie das Akademikerprekariat.

Ich will das Problem nicht kleinreden, doch die Generation Praktikum gibt es vor allem in geistes- und sozialwissenschaftlichen Berufen. Außerhalb von Kunst und Kultur taucht sie so gut wie nicht auf. Für die überwiegende Masse der Hochschulabgänger gilt: Ein Studium ist die beste Versicherung gegen Arbeitslosigkeit. Zehn Jahre nach ihrem Abschluss ist nur ein Prozent der Akademiker ohne Job, wie eine Studie des HIS-Instituts für Hochschulforschung vom Juli 2013 zeigt. Auch Germanisten müssen nicht kellnern oder Taxi fahren. Werkverträge und Übergangsjobs haben die meisten – wenn überhaupt – nur im Laufe des ersten Jahrs nach dem Studium. Um die Akademiker muss man sich hierzulande viel weniger Sorgen machen als um Menschen ohne Studium.

Wobei wir beim zweiten Missverständnis wären: Ja, die Generation Y, das sind nicht alle, aber es sind ohne Zweifel bei Weitem nicht nur die Studierten. Denn auch in Handwerksbetrieben, Krankenhäusern und Fabriken gehen die Fachkräfte aus. Die Zahl der jungen Menschen, die sich um einen Ausbildungsplatz bewerben, ist in Deutschland zwischen 2007 und 2012 um knapp 100 000 zurückgegangen. Am dringendsten gesucht werden hierzulande derzeit nicht Fachkräfte mit Uniabschluss, sondern Meister, Techniker, Facharbeiter und Handwerker – also Menschen mit bestimmten Berufsausbildungen.

Auch junge Menschen ohne Studium sind in der Arbeitswelt heute begehrt. Und je gefragter sie sind, desto mehr können sie fordern. Die Unternehmen reagieren darauf bereits. Mittelständler in der Provinz fangen damit an, herausragenden Lehrlingen kleine Dienstwagen zu spendieren, um sie bei Laune zu halten. Aber das reicht den Jungen heute nicht. Auch die weniger Gebildeten, die Arbeiter und Lehrlinge, wollen heute anders leben und arbeiten.

Die Auszubildenden etwa haben ganz andere Erwartungen als früher, das hat man auch beim Maschinenbauer Trumpf gelernt: Am ersten Arbeitstag bekommen sie jetzt Metallwürfel, 30 mal 30 Zentimeter, aus denen sie im Team etwas herstellen, erzählt der zuständige Personalchef. Eine Currywurst-Schneidemaschine zum Beispiel, samt Marketingkonzept und Produktionsplan. Vor fünf Jahren noch hätten die Azubis an der Werkbank sitzen und fräsen wollen – jeder für sich allein. Heute wollen sie in der Gruppe arbeiten.

Die Jungen haben kapiert, dass sie auch ohne Abitur in einem Unternehmen aufsteigen können. In Vorstellungsgesprächen, das berichten gleich mehrere Personalmanager, fragen die angehenden Azubis nach ihren Karrieremöglichkeiten. Früher wurden sie technischer Meister, wenn es gut lief, heute wollen sie wissen, ob sie auch promovieren können, wenn sie als Mechaniker hier anfangen. Sie können.

Trotzdem: Selbst wenn die Generation Y nicht nur Jungakademiker aus bürgerlichem Haus einschließt, gibt es doch eine Gruppe, die vom Lebensgefühl der Ypsiloner so weit entfernt ist wie der Erdling vom Mars-Männchen. Das sind die Abgehängten – schlecht ausgebildet, perspektivlos, desillusioniert. Sie stehen am Rand der Gesellschaft. Sie machen hierzulande rund 20 Prozent der Heranwachsenden aus – fast so viel wie die begehrten Vertreter der Generation Y. Meist haben sie keinen Beruf gelernt, viele haben die Schule abgebrochen. Sie finden gar keine Arbeit, und wenn, dann räumen sie beim Discounter Regale ein oder schuften als Leiharbeiter in der Fabrik – ohne Festanstellung, ohne soziale Absicherung, miserabel bezahlt und jederzeit kündbar. Das ist das wahre Prekariat Deutschlands, nicht die Generation Praktikum.

Viele dieser Jugendlichen werden ihren Lebensunterhalt womöglich nie verdienen und ein Leben lang auf Hilfe angewiesen sein. Denn niemand ist so sehr von Arbeitslosigkeit betroffen wie jene, die keinen Beruf gelernt haben. Nur zwei Prozent aller Akademiker sind arbeitslos, nur fünf Prozent aller Menschen mit abgeschlossener Lehre – aber 20 Prozent der Ungelernten.

Und Deutschland steht relativ gut da. In Südeuropa ist die Lage noch viel bedrohlicher. In Spanien und Griechenland war zeitweilig jeder zweite Jugendliche ohne Job. Nicht Abenteuerlust, sondern die schiere Verzweiflung treibt junge Spanier, Italiener, Portugiesen zu Tausenden nach Deutschland. Sie brauchen einen Job und sind froh, wenn sie irgendwo unterkommen. Im Bewerbungsgespräch mit deutschen Mittelständlern fragen sie nicht nach Auszeiten, flexiblen Arbeitszeitmodellen oder ob das Unternehmen genug für die Umwelt tut. Die Luxusfragen der Ypsiloner sind diesen modernen Wanderarbeitern ziemlich fremd.

Wenn man alle zwischen 1980 und 1995 Geborenen betrachtet, dann erscheint das Y plötzlich wie ein Symbol – die Spaltung des Buchstabens steht für die Spaltung einer ganzen Generation. Den Begehrten stehen die Benachteiligten gegenüber. Wer von der Generation Y spricht, meint aber meist nur den privilegierten Zweig und blendet den anderen einfach aus. Das halte ich für den falschen Ansatz, denn die Generation Y lässt sich nur mit Blick auf die gesamte Altersgruppe begreifen. Und die betritt gerade einen tief gespaltenen Arbeitsmarkt. Die Kluft zwischen der Avantgarde und den Abgehängten ist riesig.

Daraus ergeben sich nun zwei mögliche Entwicklungen: Die Spaltung des Arbeitsmarkts wird sich noch vertiefen. Die Unternehmen umgarnen die knappen Fachkräfte. Sie ködern sie mit abwechslungsreichen Aufgaben, bieten die Möglichkeit zum Homeoffice, genehmigen das Sabbatical für die Weltreise – alles, um die raren Talente an sich zu binden. Um die Bedürfnisse der Benachteiligten hingegen kümmert sich niemand, bei ihnen macht sich Frust und Resignation breit. Sie fühlen sich wie Arbeitnehmer zweiter Klasse, ausgeschlossen und abgehängt, und sind es auch.

Oder aber es kommt anders. Und die Privilegierten werden zu Pionieren und setzen in der Unternehmenswelt Standards, von denen am Ende auch die weniger Privilegierten profitieren. Die Y-Kultur erfasst ein Unternehmen nach dem anderen und erreicht auch jene Branchen, in denen die Arbeitnehmer bisher keine Bedingungen stellen können. Dann wird aus einem Elitephänomen eine Breitenbewegung. So wie sich im Industriezeitalter nach und nach Sozialstandards wie die 40-Stunden-Woche, das Urlaubsgeld und die Betriebsrenten durchgesetzt haben, könnten Beschäftigte in großen Teilen der Wirtschaft künftig selbstbestimmter und mehr im Einklang mit ihren jeweiligen Bedürfnissen ihrer Arbeit nachgehen.

Zugegeben, das zweite Szenario erscheint reichlich optimistisch. Doch der demografische Wandel macht es wahrscheinlicher. Bis 2030 fehlen der deutschen Wirtschaft laut den Forschern der Prognos AG rund fünf Millionen Arbeitskräfte – und zwar in nahezu allen Branchen, bei Akademikern, Facharbeitern und Ungelernten. Das sind zwölf Prozent der heute Erwerbstätigen. Die Knappheit führt dazu, dass Unternehmen viel stärker auf die Bedürfnisse der Mitarbeiter eingehen müssen. Künftig könnte es so sein, dass sich eine Firma bei einem potenziellen Mitarbeiter bewirbt, und nicht andersherum. Die Talentlücke stellt das traditionelle Verhältnis zwischen Arbeitgebern und Arbeitnehmern komplett auf den Kopf, wovon später noch die Rede sein wird.

Die Hoffnung ist also, dass in der Arbeitswelt ein tief greifender Wandel einsetzt, der am Ende hoffentlich allen zugutekommt.

Nun könnte man sagen: Alles schön und gut. Wir können uns hier in Deutschland ruhig einrichten in dieser Y-gefälligen Freizeitwirtschaft. Was aber wird aus den Unternehmen, die im Wettbewerb mit aufstiegshungrigen Asiaten und Südamerikanern bestehen müssen? Verspielen die Jungen den Wohlstand, den die Älteren aufgebaut haben?

Als wir die *Zeit*-Titelgeschichte über meine Generation recherchierten, baten wir unsere Korrespondentin in Peking um eine Einschätzung der chinesischen Jugend. In China ist alles riesig, auch die Generation Y. 240 Millionen Menschen kamen zwischen 1980 und 1990 auf die Welt. Ende der 1970er-Jahre setzte in China die Ein-Kind-Politik ein, Millionen Kinder wuchsen geschwisterlos auf, dafür aber unter den wachen Augen von zwei Eltern und vier Großeltern. In China nennt man meine Altersgenossen deshalb »kleine

Kaiser«. Sie wurden verwöhnt wie keine Generation zuvor, doch lasten auf ihnen auch die gesammelten Erwartungen der Familie.

Unsere Korrespondentin Angela Köckritz schilderte die Geschichte einer ausgebildeten Ärztin Anfang 30. Sie hatte Medizin studiert, weil sie aus einer Familie von Ärzten kommt, doch gefallen hat ihr der Beruf nie. Deshalb probierte sie alles Mögliche aus: Sie machte Marketing, arbeitete als Journalistin, zuletzt verkaufte sie im Internet Medizinprodukte. Nebenbei jobbte sie als Tai-Chi-Lehrerin und bot am Telefon psychologische Beratung an.

»Gerade habe ich meinen Job gekündigt. Ich will mehr vom Leben, als nur Geld verdienen. Ich gehe jetzt nach Thailand, danach sehen wir, was ich mache. Vielleicht schreibe ich ein Buch«, erzählte sie meiner Kollegin. Ihren Eltern hat sie nichts von ihrer Kündigung erzählt. »Die würden ausflippen, die wollen, dass ich weiter als Ärztin arbeite.« Die junge Ärztin will keine Ärztin sein, auch wenn ihre Eltern das von ihr erwarten, sondern ihre Träume verwirklichen.

So wie sie denken nicht nur die Privilegierten. »Wir erwarten mehr von unserer Arbeit als die Älteren«, sagte der Sohn armer Bauern im Gespräch mit Köckritz. Der Endzwanziger hat sich in die Personalabteilung eines internationalen Unternehmens hochgearbeitet und verdient trotzdem nicht viel, umgerechnet rund 600 Euro. Doch auch er sagt einen Satz, den man eher von einem saturierten Westeuropäer erwarten würde: »Ich verfolge Lebensqualität, bei der Arbeit geht es mir nicht nur ums Geldverdienen.« Zwar heißt es immer, chinesische Unternehmen seien sehr viel autoritärer und strenger organisiert als hiesige, doch auch die jungen Leute in China suchen heute Arbeit, in der sie sich entfalten können.

Auf der anderen Hälfte des Erdballs sieht es nicht anders aus. Die *Frankfurter Allgemeine Zeitung* nannte die Generation Y in einem Schwerpunkt neulich »kein typisch deutsches Phänomen« und zitierte einen argentinischen Personalberater mit den Worten: »Die Angehörigen dieser Generation wissen genau, was sie wollen.« Ihre

Zeit frei einteilen und eine Arbeit, die Sinn stiftet. Sie fragten gleich am Anfang nach Homeoffice und Urlaubstagen. »Meine Philosophie ist, zu tun, was mir guttut«, zitiert das Blatt eine 24-jährige Köchin. Es ist ein Satz, der genauso gut von einer gleichaltrigen Deutschen stammen könnte.

Oder der junge Singapurer. Karriere?, fragt der Reporter den 32-jährigen Computerfachmann und bekommt die Antwort: »Warum? Kaputtmachen will ich mich nicht.« Das sind neue Töne in der erfolgsfixierten Stadt. Die Jungen sind den Personalern, gerade in hierarchiegläubigen asiatischen Gesellschaften, vielfach ein Rätsel. »Wenn sie kündigen wollen, dann kündigen sie einfach«, zitiert die *FAZ* einen Manager.

Wir machen, was wir wollen. Und wir wollen, was uns guttut. Die Generation Y tritt in der Berufswelt überall dort in Erscheinung, wo Knappheiten existieren. Meist profitieren davon Akademiker mit gefragten Abschlüssen, zunehmend aber auch Unstudierte mit dringend gesuchten Qualifikationen. Darüber hinaus ist die Generation Y kein rein westliches Phänomen. Jedes Land hat seine eigenen Ypsiloner, doch dank sozialer Medien, der Globalisierung und des Exports westlicher Lebensweisen gleichen sich junge Menschen überall auf der Welt heute einander mehr, als sich ältere Generationen innerhalb eines Landes ähneln. Die Generation Y verkörpert einen Wertewandel, der auf gesellschaftlicher Ebene bereits stattfindet, den die jungen Beschäftigten nun aber auch in die Berufswelt tragen. Wir können etwas verändern, denn wir sind zwar nicht alle, aber wir sind viele. Und wir werden immer mehr.

03 / WIR KRISENKINDER

Es geht uns gut. Meine Generation ist aufgewachsen in der Sattheit und Sorglosigkeit der 1980er- und 1990er-Jahre. In einer Zeit von Frieden und Wohlstand. Krieg und Armut kannten wir nur aus der *Tagesschau*. Unsere Eltern haben uns mehr geboten, als wir gebraucht hätten. Wir hatten große Kinderzimmer, ausreichend Taschengeld (auch wenn wir das natürlich anders sahen) und mehr Spielsachen als Zeit, damit zu spielen.

Materiell sind wir eine verwöhnte Generation. Und doch sind wir Krisenkinder. Seit dem 11. September 2001 kennen wir nichts anderes als Krise: Afghanistankrise, Irakkrise, Klimakrise, Wirtschaftskrise, Bildungskrise, Finanzkrise, Eurokrise. Gewiss, unser Land hat schon größere Krisen überstanden als die in der jüngeren Zeit – zwei Weltkriege innerhalb von drei Jahrzehnten und dazwischen die größte Wirtschaftskrise der Weltgeschichte. Doch während die Jugend im Nachkriegsdeutschland von der Hoffnung beseelt war, dass es immerzu aufwärtsgeht, glauben wir nicht mehr an ein Versprechen, das für Generationen vor uns galt: dass wir es einmal besser haben werden als unsere Eltern. Wir schauen uns die Häuser, die Autos, die Urlaubsreisen unserer Eltern an und wissen, dass wir uns das niemals werden leisten können, selbst dann nicht, wenn wir ein Leben lang schuften.

Wir sind prekäre Prinzen und Prinzessinnen. Prekär nicht unbedingt im Sinne von einem niedrigen Lebensstandard, sondern als Ausdruck von instabilen Lebensumständen. Der Puls der Zeit ist schneller geworden, die Verhältnisse können sich jederzeit ändern. Der Job bietet statt lebenslanger Sicherheit nur noch vorübergehende Beschäftigung. Beziehungen, die einst fürs Leben bestimmt waren, enden als Lebensabschnittsfragment. Oder wie es ein Generationsgenosse neulich in der *Neuen Zürcher Zeitung* auf den Punkt brachte: »Meine Generation geniesst die wachsende Freiheit, die mit der Flexibilität einhergeht, doch zugleich leidet sie an den bindungslosen Verhältnissen – finanziell, sozial, psychisch. Das erzeugt ein Gefühl des permanenten Widerspruchs.« Wir sind die freieste Generation aller Zeiten, doch wir bezahlen diese Freiheit mit Unsicherheit. Das Prekäre hat sich in unserem Leben breit gemacht wie der Sand in der Sahara. Wir haben uns an die Gewissheit gewöhnt, dass nichts gewiss ist und nichts bleibt, wie es war. Das einzig Beständige in unserem Leben ist der ständige Umbruch.

Der Tag, der diese Unsicherheit markiert wie kein anderer, ist der 11. September 2001. Es ist das historische Datum meiner Generation, kein Ereignis hat uns mehr geprägt. Es ist unser »Wo warst du, als …?«-Erlebnis, so einschneidend wie die Landung der Alliierten, die Ermordung von John F. Kennedy oder der Mauerfall für die Generationen vor uns. Jeder von uns weiß, wo er damals gewesen ist, wie er erfahren hat, dass drei Flugzeuge in die Türme des World Trade Center und ins Pentagon gestürzt waren.

Es war zwei Tage nach meinem 19. Geburtstag, ich war bei meinem damaligen Freund zu Hause, wir kamen gerade vom Sport, als sein Vater ins Wohnzimmer stürzte und uns aufforderte, den Fernseher einzuschalten. Dann saßen wir da, fassungslos, und starrten auf den Bildschirm. Ich weiß noch, wie ich zunächst dachte, das müssten gefälschte Aufnahmen sein, so etwas könnte nicht wirklich passieren!

Die Bilder von den brennenden Türmen, den Aschewolken, den Menschen in Todesangst haben sich eingebrannt in unser kollektives Gedächtnis. In der Schule bildeten wir einen großen Kreis aus Lehrer- und Schülerhänden und schwiegen andächtig, selbst die notorischen Störer waren auf einmal ganz still. Wir alle lasen Zeitung in dieser Zeit, im Fernsehen schauten wir Brennpunkte und Sondersendungen an, auf einmal interessierten wir uns für Weltpolitik. Es war das Schuljahr, in dem ich Abitur machte, aber im Unterricht wollten wir lieber über Bush und bin Laden diskutieren und über dieses merkwürdige Land am Hindukusch, das ich zuvor nicht einmal auf der Landkarte gefunden hätte. Auch wenn es uns in jenen Tagen nicht bewusst war, spürten wir doch, dass danach nichts mehr sein würde wie davor. Die Generation Y ist auch die Generation 9/11.

Der 11. September war für mich der Tag, an dem ich das erste Mal Angst vor der Zukunft hatte. Vor dem, was da kommen mag. Und ich glaube, es ging damals vielen so. Nach den Terroranschlägen kamen die Kriege in Afghanistan und Irak, bei denen nicht immer klar war, wer eigentlich die Guten und wer die Bösen sind, und die bis heute alles brachten, nur keinen Frieden.

Auch Deutschland war im Umbruch. Hierzulande war Bildungskrise. PISA war für meine Generation kein schiefer Turm, sondern ein kollektiver Tadel: Bildung, ungenügend! Als Schüler fühlten wir uns dumm, als Studenten trichterte man uns ein, wir seien zu alt und im internationalen Wettbewerb um die besten Jobs chancenlos. Die Bildungsrepublik musste reformiert werden, und die Kultus- und Hochschulminister taten es mit deutscher Gründlichkeit. Aus dem neunjährigen Gymnasium wurde das G8, aus Leistungskursen Profil- und Neigungsfächer, aus dem Diplom ein abgespeckter Bachelor, aus einem gebührenfreien ein gebührenpflichtiges und dann wieder ein gebührenfreies Studium. Das Einzige, worauf wir uns verlassen konnten, war, dass nichts bleiben sollte, wie es war. Doch die Bildung war nur eine Baustelle. Auch die Wirtschaft erlebte große Verwerfungen. Im Jahr 2000 platzte die Dotcom-Blase, die Aktienmärkte bebten, die Weltwirtschaft strauchelte. Wenige Jahre später setzte die Agenda 2010 ein und mit ihr die Hartz-Gesetze, die den Arbeitsmarkt flexibler machen und mehr Menschen in Beschäftigung bringen sollten. Und auch wenn sich die Reformen später als wirksam herausstellten, rüttelten sie den Arbeitsmarkt gewaltig durch. 2005 erlebten wir fünf Millionen Arbeitslose – ein trauriger Nachkriegsrekord.

Und so ging es weiter: Zwei Jahre später zerbarst wieder eine Blase, die Immobilienblase in den USA, und löste eine weltweite Finanzkrise aus. Den Höhepunkt markierte der Zusammenbruch der US-Investmentbank Lehman Brothers, der erst die Banken, dann die gesamte Weltwirtschaft an den Rand des Abgrunds trieb. Die Zeitungen schrieben von der schwersten Krise seit der Großen Depression. Aus der Finanzkrise wurde eine Wirtschaftskrise, aus der Wirtschaftskrise eine Staatsschuldenkrise. Es war nicht klar, wie es mit Europa weitergehen sollte, ob der Euro halten und Deutschland in der Währungsunion bleiben würde. Es war die Rede von einem Nord- und einem Süd-Euro, die *Bild*-Zeitung riet Griechenland, seine Inseln zu verkaufen, und griechische Zeitungen druckten Fotos, auf denen Kanzlerin Merkel in Nazi-Uniform steckte. Regierungschefs kamen und gingen, doch die Krise blieb. Heute muss Südeuropa eisern sparen, die USA stehen vor dem Staatsbankrott.

Meine Generation hat sich daran gewöhnt, dass die Zeit vor einer Krise nur die Vorbereitung auf die nächste ist. Sicherlich hat das auch damit zu tun, dass sich die Nachrichtenzyklen verkürzen und sich Schreckensmeldungen heute in Sekundenschnelle über den Globus verbreiten. Die Medien jagen im Superlativ-Modus der größten, schlimmsten, schwersten Soundso-Katastrophe hinterher. Skandalisierung wird im Kampf um Aufmerksamkeit zur inflationär verwendeten Allzweckwaffe. Es hat aber auch damit zu tun, dass die Welt heute sehr verflochten ist und alles mit allem irgendwie zusammenhängt. In der Zeit, in der meine Generation zur Welt kam, wandelte sich eine eher stabile Industriegesellschaft zu einer globalisierten Informationsgesellschaft. Wir sind Kinder der Globalisierung und wissen, dass sie uns viele Vorteile bringt. Doch wir wissen auch, dass wenn es heute am anderen Ende des Erdballs wackelt, morgen hier alles zusammenbrechen kann.

So wie in der Welt um uns herum ist auch in unserem Leben nichts mehr auf Dauer angelegt. Einen Arbeitsplatz auf Lebenszeit? Gibt es für uns nicht. Stattdessen wurde uns schon in der Schule eingeimpft, dass wir mobil, flexibel und veränderungswillig sein müssten. Meine Generation erwartet nicht, wie unsere Eltern und Großeltern ein ganzes Leben lang einen Arbeitgeber zu haben, wir stellen uns auf drei, fünf oder zehn verschiedene ein. Wir wechseln zwischen Voll-, Teil- und Auszeit, nebenbei machen wir Projekte. Vielleicht starten wir als PR-Referentin ins Berufsleben und gehen als Heilpraktikerin in Ruhestand, wer weiß?

Alles ist möglich, aber nichts ist gewiss. Dieses Lebensgefühl prägt meine Generation und sorgt dafür, dass wir der Zukunft häufig mit Zweifeln statt mit Zuversicht begegnen. Wir glauben nicht, dass wir viel von der Gesellschaft erwarten können, denn es ist umgekehrt die Gesellschaft, die hohe Erwartungen an uns stellt. Wir schleppen gewaltige Erblasten mit uns herum, von denen wir wissen, dass ein Leben nicht ausreichen wird, um sie abzutragen.

Wie ungleich die Lasten zwischen den Generationen verteilt sind, sieht man in Deutschland vor allem an der Rentenpolitik. Die Große Koalition hat sich im Koalitionsvertrag im Herbst 2013 auf milliardenschwere Rentengeschenke geeinigt. Die SPD will die Rente mit 67 für viele wieder abschaffen und langjährig Versicherte schon mit 63 abschlagsfrei in den Ruhestand schicken. Die Union verspricht

Müttern, deren Kinder vor 1992 geboren wurden, 6,5 Milliarden Euro mehr – im Jahr, Tendenz: steigend. Rund 160 Milliarden Euro kostet die neue Großzügigkeit allein bis zum Jahr 2030. Die Rentenpläne bedeuten eine enorme Belastung für die Beitragszahler. Sie sind eine Verheißung für die Alten und, ja, eine Verschwörung gegen die Jungen.

Und was passiert? Ein paar halbjunge CDU-Politiker verfassen, vor Mut zitternd, ein Papierchen. Darin finden sich zwei Seiten Lob und Hudel für Angela Merkel, dann die Feststellung, die CDU sei »gut und breit aufgestellt«, schließlich der Aufstand in den Grenzen der Bravheit: »Die Sorge, dass das vereinbarte Rentenpaket (…) die Erfolge der Rentenpolitik (…) gefährden könnte, bleibt.« Das also ist die Revolte der Jugend, ein Papierflieger auf dem Weg ins Kanzleramt.

Zum Vergleich: Als die Rente mit 67 eingeführt wurde, tobte das Land. Die Gewerkschaften liefen Sturm, bei der folgenden Bundestagswahl stürzte die SPD ab. So sah sie aus, die Rache der Alten. Bis heute spaltet die Rente mit 67 das Land, die Mehrheit der Deutschen lehnt sie ab. So ist das in Deutschland: Wer den Rentnern etwas wegnimmt, löst eine Wutwelle aus, wer die Jungen zusätzlich belastet, bekommt ein Protestbriefchen.

An den Rentenplänen von Union und SPD entlud sich etwas, das schon länger in mir brodelte. Also verfasste ich einen Leitartikel in der *Zeit* und machte meinem Unmut Luft: An der Rentenpolitik, schrieb ich, werde deutlich, »in welchem Maße die Politik das Wohl der Alten im Auge hat. Nun kann man sagen, das sei in einer alternden Gesellschaft ganz natürlich. Die Demokratie passt sich der Demografie an. Sie nützt jenen am meisten, von denen es die meisten gibt. Und die Alten sind bald in der Mehrheit. Deutschland ist schon ein Land der Grauhaarigen: 20 Millionen Rentner, jeder dritte Wähler älter als 60. Doch die Herrschaft der Alten über die Jungen wäre die Herrschaft der Pensionäre über die, die malochen. Eine Rentnerdemokratie wäre das Ende der Solidargemeinschaft.«

Ich halte den Generationenvertrag für eine gute Sache. Er gründet auf dem Gedanken, dass die jüngere Generation für die ältere sorgt. Diejenigen, die heute arbeiten, zahlen für diejenigen, die heute Rentner sind. Wer aber gerade erst ins Berufsleben startet, weiß, dass er noch sehr lange in die Rentenkasse einzahlen muss, und wenn er dann mit 70, 72 oder gar 75 Jahren – je nachdem, wo das Renteneintrittsalter bis dahin liegen wird – aufhört, hat er von der gesetzlichen Rente nicht viel zu erwarten. Wie soll man es ihm also erklären, dass er heute noch mehr geben muss, obwohl er später noch weniger bekommt?

Wir Jungen haben akzeptiert, dass wir selbst fürs Alter vorsorgen müssen. Wir sparen privat für die eigene Rente, finanzieren gleichzeitig die heutigen Rentner – und sollen dann noch mehr zahlen? Das halte ich für einen massiven Verstoß gegen den Generationenvertrag.

Das Ziel vergangener Reformen war es gerade, das Rentensystem für eine alternde Gesellschaft stabil zu machen. Das Rentenniveau wurde abgesenkt, die private Vorsorge erfunden, die Rente mit 67 eingeführt. Die Reformen sollten die Beiträge bezahlbar halten und verhindern, dass das System kollabiert, in dem immer weniger Beitragszahler immer mehr Rentner versorgen müssen. Wer lange lebt, muss länger arbeiten: Das hatte man in Deutschland endlich begriffen. Doch Union und SPD wollen davon heute nichts mehr wissen. Mit ihren Plänen sorgen sie dafür, dass die Reserven der Rentenkasse in wenigen Jahren aufgebraucht sein werden. Statt dass die Beiträge heute sinken, werden sie dann wohl steigen.

Es ist ja nicht nur die Rente: Schulden, Umwelt, Demografie – das ist die Dreifaltigkeit der Lastengeneration. Meine Generation erbt Schulden in Billionenhöhe, die ihr die reichsten Eltern aller Zeiten hinterlassen werden, weil die das Sparen lieber auf die Zukunft verschieben. Wir Jungen sollen aber nicht nur die Schulden bezahlen, wir sollen auch noch das Klima retten, auf dessen Kosten sich unsere Eltern und Großeltern immer neues Wachstum und immer mehr Wohlstand gesichert haben. Und dann sollen wir uns bitte noch ganz schnell vermehren, weil die Älteren zu wenig Kinder zur Welt gebracht haben. Sonst noch was? Das, was meine Generation leisten soll, steht in krassem Widerspruch zu unserem eigenen Lebensgefühl: der Unsicherheit, die uns von klein auf begleitet.

Nun stellt sich natürlich die Frage, wie dieses Krisengefühl zu der selbstbewussten und anspruchsvollen Generation Y passt, die ich in diesem Buch beschreibe. Ich sehe darin keinen Widerspruch. Im Gegenteil, ich glaube sogar, dass das eine aus dem anderen hervorgeht. Auf die Unsicherheit, die wir als Dauerzustand erleben, reagieren wir mit einem starken Glauben an uns selbst. Von der Gesellschaft hingegen erwarten wir wenig.

59 Prozent der Zwölf- bis 25-Jährigen in Deutschland gaben sich in der Shell-Jugendstudie von 2010 trotz der Wirtschafts- und Finanzkrise zuversichtlich, was ihre persönliche Zukunft angeht. Die gesellschaftliche Zukunft hingegen bewerteten nur 47 Prozent positiv. In der Studie *Mindsets 3.0* sahen sogar nur 24 Prozent der Zukunft optimistisch entgegen. In unsere eigene Zukunft blicken wir mit Zuversicht, in die Zukunft der Gesellschaft mit Zweifeln. Soziologen nennen es »das Optimismus-Pessimismus-Paradoxon«.

Sind wir also eine Generation, die in einer darbenden Gesellschaft ihre eigenen Interessen ganz gut verwirklicht sieht? Sind wir eine Horde von Egoisten, die nur das Bestmögliche für sich selbst herausholen will und der das eigene Fortkommen wichtiger ist als eine bessere Welt? Oder ist die Konzentration auf uns selbst nur Ausdruck einer Depression, die von der Gesellschaft nichts mehr erwartet? Sind wir eine »Rette sich, wer kann«-Generation?

Nein. Wir sind nur ziemlich realistisch. Wir sehen den Krisen der Welt ins Auge, doch anstatt an ihnen zu verzweifeln, entwickeln wir einen geradezu trotzigen Glauben an uns selbst. Wir vertrauen auf uns. Ist eine Jugend nicht zukunftsfähiger, wenn sie sich den Herausforderungen der Zeit stellt, anstatt sie ewig zu bejammern? Ist es nicht gerade nötig, dass junge Menschen, die in eine unsichere Zukunft blicken, nicht den Glauben an sich selbst verlieren? Eine Jugend, die sich dem für sie Möglichen zuwendet, halte ich für lebensbejahender als eine, die angesichts der vor ihr liegenden Unwägbarkeiten jede Hoffnung begräbt.

Von den Älteren wird uns vorgehalten: Ihr habt keine Vorstellung von der Welt, wie sie sein sollte, ihr nehmt sie einfach hin, wie sie ist. Euch eint kein Protestgefühl, keine Identität, ihr habt nicht einmal einen Wortführer. Als Generation seid ihr unsichtbar.

Auch Timm Klotzek, der vom Alter (Jahrgang 73) und Beruf (er leitet das *Süddeutsche Zeitung Magazin*) gar nicht so weit entfernt ist von meiner Generation, hält uns für langweilig. Als er noch Chefredakteur des Junge-Leute-Magazins *Neon* war, ließ er sich einmal im *Spiegel* mit der Aussage zitieren, dass meine Generation nur drei moralische Grundsätze habe: Folterverbot, Kampf gegen den Klimawandel und die Ablehnung von Angriffskriegen. Das war's. Er nahm das als Beweis dafür, dass wir pragmatisch, nicht organisiert, visionslos und unideologisch seien.

Und Jens Jessen, der ehemalige Feuilletonchef der *Zeit*, nannte uns »traurige Streber«. In seinen Augen sind wir angepasst, wirtschaftshörig und charakterlos. Er schrieb: »Soll man staunen über die Studenten, deren Berufswünsche Geld und Sicherheit heißen?« Und: »Die Praktikanten und Berufsanfänger akzeptieren bis zur Charakterlosigkeit jede Bedingung, jede eingespielte Dummheit, jede ethisch bedenkliche Praxis. Sie blicken aus Rehaugen, die sich nur manchmal melancholisch verschleiern, auf die raue Welt der Wirtschaft und Politik und scheinen den Schwur getan zu haben, so schnell wie möglich zum Haifisch zu werden, um auch dort zu überleben, wo es von Feinden wimmelt. Denn dass die Welt böse ist, die Berufswelt zumal, das halten sie für gewiss; man hat es ihnen oft genug gesagt. Die gesellschaftliche Großdebatte um Globalisierung und verschärfte Konkurrenz, um Standort und Wettbewerbsfähigkeit ist tief bis in die Psyche vorgedrungen, man könnte auch sagen, sie ist dort eingeschlagen wie ein Meteor und hat einen Krater hinterlassen, in dem alles Leichte und Hoffnungsvolle, alle Fantasie und alles Aufbegehren verschwunden sind.«

Jessen und Co. wünschen sich, dass die Jungen richtig aufbegehren. Doch für uns ist Aufmüpfigkeit kein Wert an sich. Wir halten es für klüger, uns mit der »rauen Welt der Wirtschaft und Politik« zu arrangieren, anstatt gegen sie anzubrüllen. Ja, die Märkte sind globaler und der Wettbewerb ist härter geworden. Ja, die Welt schlittert von einer Krise in die nächste. Ja, die Unsicherheit ist groß und Prognosen sind schwierig, besonders wenn sie die Zukunft betreffen. Ja, ja, ja.

Doch wenn die Welt komplexer wird, dann helfen auch keine einfachen Antworten mehr. Dann taugen die alten Dogmen und Glaubenssätze nicht mehr, mit denen Generationen vor uns die Welt in Gut und Böse, in Richtig und Falsch aufgeteilt haben – in Proletariat und Bourgeoisie, in Sozialismus und Kapitalismus, in Ho Chi Minh und Richard Nixon.

Mit dem Fall des Eisernen Vorhangs war die letzte ideologische Schlacht geschlagen. Meine Generation wuchs ohne Weltanschauung auf, unsere Glaubensgrundsätze sind nicht schwarz-weiß, sondern schimmern in vielen Grautönen. Deshalb streben wir auch nicht nach Utopien, sondern nach dem Möglichen, nach dem Machbaren. Wir sind Lebenspragmatiker, die sich nicht unter einem Protestgefühl einordnen lassen und nicht tausendfach einem Wortführer folgen. Wir sind eine Generation von Individualisten, die sich in einer individualistischen Welt zurechtfindet.

Katholisch oder evangelisch, CDU oder SPD, Beatles oder Stones, Bulli oder Manta, Popper oder Punk – an solchen Fragen schieden sich die Geister unserer Vorgenerationen. Dazwischen war nicht viel Raum, ein Übertritt galt als Verrat. Heute sind wir frei, zu sein, was wir wollen. Wir können glauben (gar nicht oder an Christus und Buddha zugleich), wählen (Erststimme CDU, Zweitstimme Grüne), hören (Zaz oder Casper oder sogar Helene Fischer), fahren (Leihfahrrad oder Mini Cooper) und uns kleiden (Gummistiefel zu Markenjeans), wozu wir Lust haben, und niemand verurteilt uns deswegen. Ich halte das für eine zivilisatorische Errungenschaft.

Warum sollten wir das gegenwärtige System umstürzen, wenn es so viele Freiheiten bietet wie nie zuvor? Wir müssen nicht gegen unsere Eltern rebellieren, denn die sind ganz in Ordnung. Wir verstehen uns gut mit ihnen. »Ausgesprochen familienorientiert« nennt die letzte Shell-Studie die Jugendlichen und jungen Erwachsenen in Deutschland. »Familie ist für die allermeisten ein Ort, an den sie sich zurückziehen können.« 56 Prozent sagen, dass sie mit ihren Eltern klarkommen, 35 Prozent verstehen sich sogar bestens mit ihnen. Ein gutes und partnerschaftliches Verhältnis zwischen der Jugend und ihren Eltern ist heute nicht die Ausnahme, sondern der Normalfall. Die Mehrheit der Jungen möchte einmal eine eigene Familie und selbst Kinder haben, die sie dann genauso erziehen will, wie sie selbst erzogen worden ist.

Die Älteren lästern schon, wir würden uns aufs Biedermeiersofa zurückziehen. Doch ich halte Familie nicht für bieder. Die Rückbesinnung auf den privaten Raum ist für mich eine logische Reaktion auf das Krisengefühl meiner Generation. In einer von Unsicherheit bestimmten Welt sucht man nach dem Verlässlichen, nach dem, was bleibt. Ich habe in den vergangenen zehn Jahren in neun WGs in fünf verschiedenen Städten gewohnt, habe Mitbewohner kommen und gehen sehen, Menschen lieb gewonnen und wieder aus den Augen verloren. Meine Familie und mein Mann aber sind geblieben. Familie ist für meine Generation ein Ort der Beständigkeit, der sich nicht ändert wie die Namen an unserer Türklingel.

Es heißt, meine Generation sei unpolitisch. Wir würden lieber einer Facebook-Gruppe beitreten, als bei einer Demonstration mitzumachen. Und es stimmt: Die einzigen beiden Ereignisse, die meine Generation zu Hunderttausenden auf die Straße gelockt haben, waren die Love Parade und die Fußball-WM 2006. In einem Alter, in dem unsere Eltern Studentenrevolten und Lichterketten organisiert haben, haben wir, nun ja, gefeiert und ferngesehen. Und wenn wir doch einmal demonstrierten, dann gegen Studiengebühren oder gekürzte Bildungsausgaben – für unseren eigenen materiellen Vorteil. Statt für die großen gesellschaftlichen Fragen, so der Vorwurf der Älteren, interessierten wir uns nur für unsere eigene kleine Welt.

Ihr geht ja nicht einmal wählen, sagen Kritiker. Wie zum Beweis halten sie uns Wahlstatistiken vor die Nase: Da schaut her, in keiner Altersgruppe ist die Wahlbeteiligung so niedrig wie bei den unter 25-Jährigen. Ja, es stimmt, in keiner Generation gibt es prozentual mehr Nichtwähler als in meiner. Doch viele von uns Jungen fühlen sich vom Parteiensystem auch nicht ausreichend repräsentiert. Machtspiele, Intrigen, die absurden Proporzregeln bei der Besetzung von Spitzenposten, die Versprechen, die nach einer Wahl nicht mehr gelten – all das törnt meine Generation ab. Für mich gibt es keine Partei in Deutschland, deren Programm ich 100-prozentig unterschreiben könnte. Ich bin zum Beispiel gegen das Betreuungsgeld, gegen ein Tempolimit auf Autobahnen (obwohl ich selbst gar kein Auto habe), gegen das Ehegattensplitting, für die Rente mit 67 (bei der es nicht bleiben wird), gegen einen höheren Spitzensteuersatz, für die doppelte Staatsbürgerschaft. In einer Frage vertrete ich eher linke Positionen, in einer anderen bin ich konservativ, dann wieder liberal.

Entsprechend verwirrend war mein Ergebnis aus dem Wahl-O-Mat zur Bundestagswahl 2013. Mit keiner Partei hatte ich in 38 Fragen mehr als 61 Prozent Übereinstimmung – und das war ausgerechnet die FDP (die ich nicht gewählt habe). Fast genauso viel

Übereinstimmung hatte ich mit den Grünen. Da stimmt doch was nicht, dachte ich. Wie kann man inhaltlich gleichzeitig der FDP und den Grünen nahestehen? Ich interpretiere dieses Ergebnis so: Ich folge inhaltlich mal der einen, mal der anderen Partei, je nach Thema, nicht aus Treue.

Ich glaube, dass die Piratenpartei ihre zwischenzeitlichen Erfolge vor allem der Abneigung gegen das etablierte Parteiensystem zu verdanken hatte. Junge Protestwähler hievten die Politneulinge innerhalb weniger Monate in vier Landesparlamente. Nicht wegen ihrer (wenigen) Inhalte hatten viele Jungen Hoffnung in die Piraten gesetzt, sondern weil sie einen neuen Politikstil versprachen. Sie fordern Transparenz, mehr Mitbestimmung und eine offene Kommunikation. Sie misstrauen starren Hierarchien und begrüßen den digitalen Wandel. Alles, wofür meine Generation auch steht. Nur leider verloren sich die Piraten in Personalquerelen und scheiterten an ihren eigenen Vorsätzen.

Wer sich die Wahlbeteiligung seit Gründung der Bundesrepublik einmal genau ansieht, dem fällt auf, dass sie nicht nur bei den Jungen, sondern über alle Altersgruppen hinweg immer weiter gefallen ist. Bei der Bundestagswahl 1972, als die Ostpolitik von Willy Brandt zur Abstimmung stand, erreichte sie noch einen Rekordwert von 91,1 Prozent, bei der Bundestagswahl 2013 lag sie bei nur mehr 71,5 Prozent. Außerdem gehen die Jungen nicht erst seit meiner Generation seltener wählen als die Alten. Schon in den 1950er- und 1960er-Jahren war der Anteil der Nichtwähler in keiner Gruppe höher als bei den unter 25-Jährigen.

Es liegt also nicht an meiner Generation, es liegt an der Jugend an sich. Das Interesse an Politik, das belegen Studien, nimmt erst bei Personen ab 50 Jahren zu. Die Erwachsenen unter 50 sind genauso unpolitisch wie wir Jungen. Nur, von ihnen erwartet man kein Engagement. Es reicht, wenn sie wählen gehen. Wir dagegen sollen gefälligst etwas tun. Und mit etwas tun meinen die Älteren: Mitglied in einer Partei oder Gewerkschaft sein, Pappplakate besprühen oder sich an Bäume ketten. Sorry, aber das funktioniert für uns nicht mehr.

Wenn man politisches Engagement mit Parteibuch, Trillerpfeife und dem Verteilen von Luftballons auf Wochenmärkten gleichsetzt, dann ist meine Generation tatsächlich unpolitisch. Mit Parteien, Gewerkschaften und Verbänden können wir wenig anfangen. Sie sind uns zu bürokratisch, zu hierarchisch, zu langsam. Nur 16 Prozent der 20- bis 35-jährigen Deutschen sind Mitglied einer politisch arbeitenden Organisation. Und drei von vier waren noch nie auf einer Demonstration, oder sie liegt länger als fünf Jahre zurück. Das geht aus einer Befragung von TNS Forschung im Auftrag des *Spiegel* im Frühjahr 2009 hervor.

Ich glaube nicht, dass meine Generation unpolitisch ist, sie ist einfach anders politisch. Politik, das ist für uns: Unterschriften sammeln für die Rekommunalisierung des städtischen Stromnetzes, laufen gegen rechts, auf Twitter unter #aufschrei über Sexismus diskutieren. Wir engagieren uns lokal und projektbezogen, in verschiedenen Gruppen und zeitlich begrenzt, so wie es unserem Lebensmodell entspricht, in dem nichts auf Dauer angelegt ist.

Wir wollen nicht 20 Jahre lang Schriftführer im CDU-Ortsverein sein, lieber leisten wir einen Freiwilligendienst in Honduras, tüfteln nach der Arbeit an einem Handy-Betriebssystem, das auch Blinde benutzen können, übernehmen die Patenschaft für ein benachteiligtes Kind aus der Nachbarschaft. Der Wegfall des Zivildienstes hat eben nicht dazu geführt, dass sich die jungen Leute hierzulande nicht mehr einbringen. Stattdessen steigen die Bewerberzahlen für ein freiwilliges soziales Jahr seit Jahren an.

Meine Generation entwickelt neue Formen des Engagements: Junge Journalistinnen handeln auch politisch, wenn sie einen Aufruf für mehr Frauen an der Spitze von Redaktionen unterzeichnen. Junge Väter, die ein Jahr lang zu Hause bleiben, um sich um den

Nachwuchs zu kümmern, verändern die Gesellschaft. Junge Städter, die auf ein Auto verzichten, beim Obsthändler aus der Region einkaufen und zum Ökostromanbieter wechseln, konsumieren bewusst. All das ist politisch, nur brauchen wir dafür kein Parteibuch.

Und war es nicht die Jugend, die der Welt den Arabischen Frühling beschert hat? Am 17. Dezember 2010 übergießt sich der 26-jährige Gemüsehändler Mohamed Bouazizi 250 Kilometer südlich der tunesischen Hauptstadt Tunis mit Benzin und zündet sich selbst an. Zuvor hatte die Stadtverwaltung mehrfach seinen Stand geschlossen und seine Ware beschlagnahmt. Keine vier Wochen später stirbt Bouazizi an seinen schweren Verletzungen. Doch er wird zur Symbolfigur des Widerstands gegen Tunesiens Präsident Ben Ali, seine Selbstverbrennung zum Auslöser eines Volksaufstands, der den absolutistischen Herrscher nach 23 Jahren aus dem Land jagt.

Die Revolution in Tunesien verbreitet sich wie ein Lauffeuer über die arabische Welt. In Algerien, in Ägypten, Bahrain, Jemen, Libyen, Marokko, überall begehren zumeist junge Leute gegen ihre autoritären Herrscher und deren korrupte Machtapparate auf. Die Arabellion wirkt weit über die Region hinaus und inspiriert in vielen Teilen der Erde neue Protestbewegungen.

In Spanien gehen Zehntausende junge Leute auf die Straße und fordern mehr Demokratie, das Ende von Korruption und ein Grundrecht auf Arbeit. Wochenlang besetzen die *Indignados*, die Empörten, die Puerta del Sol in Madrid und andere öffentliche Plätze im Land.

In Israel schlägt eine obdachlose junge Filmemacherin ihr Zelt mitten auf Tel Avivs Prachtmeile auf. Auf Facebook schreibt sie: »Ich habe keine Wohnung, kann mir keine leisten und gehe auf dem Rothschild-Boulevard in einem Zelt demonstrieren. Wer macht mit?« Hunderte, Tausende schließen sich an. Innerhalb weniger Tage wird aus der provisorischen Unterkunft ein riesiger Bandwurm aus Igluzelten, 1,5 Kilometer lang. Was als Aktion gegen Wuchermieten beginnt, wächst sich zu einem landesweiten Protest aus. Jetzt geht es auch um soziale Gerechtigkeit, eine bessere Gesundheitsversorgung und faire Chancen auf Bildung.

In New York entsteht »Occupy Wall Street«, der Aufstand der 99 Prozent (»We are the 99 percent«). Das Zeltdorf, das Demonstranten im Zuccotti Park errichten, dient Gleichgesinnten weltweit als Vorbild. Auch in Frankfurt, Hamburg, Berlin richten sich Aktivisten auf öffentlichen Plätzen ein. Was die Demonstranten eint, ist ein Gefühl, das viele Menschen teilen: das Gefühl, dass es in unserer Gesellschaft nicht gerecht zugeht. Die Bank gewinnt, das Volk verliert.

In Istanbul entlädt sich der Protest gegen ein geplantes Einkaufszentrum im Gezi-Park in einer riesigen Protestwelle gegen den autoritären Regierungsstil von Ministerpräsident Recep Tayyip Erdoğan und die fortschreitende Islamisierung der Türkei. Wochenlang liefern sich Demonstranten und die Polizei Straßenschlachten auf dem Taksim-Platz. Mindestens drei Menschen werden getötet, 8000 Menschen verletzt.

Ob auf dem Tahrir-Platz in Kairo, auf der Puerta del Sol in Madrid, auf dem Rothschild-Boulevard in Tel Aviv, ob im New Yorker Zuccotti Park oder im Istanbuler Gezi-Park – so unterschiedlich die Forderungen der Aktivisten waren, überall waren es die Jungen, die den Protesten ein Gesicht gegeben haben. Wer da noch von einer unpolitischen Jugend spricht, hat in den vergangenen Jahren nicht ferngesehen.

Nun kann man einwenden, dass sich die Proteste meist genauso schnell verflüchtigt haben wie die Schwaden der Rauchbomben, die die Sicherheitskräfte auf die Demonstranten abfeuerten. Beweist das nicht, dass hier nur frustrierte junge Materialisten am Werk waren, die vor allem für die Verbesserung ihrer ganz persönlichen Lage kämpften – gegen wuchernde Mieten, schlechte Chancen auf dem Arbeitsmarkt, für bezahlbare Bildung? Mischt sich die Jugend heute nur ein, um auf Missstände hinzuweisen, von denen sie selbst betroffen ist? Geht es ihr also nicht um eine bessere Gesellschaft, sondern bloß um die Durchsetzung ihrer eigenen Interessen?

Nein, das zu behaupten wäre ungerecht. Auch wenn die Protestler ihre Zelte wieder abgebrochen haben, haben sie doch etwas in Gang gesetzt: ein Nachdenken über die Frage, in welcher Welt wir eigentlich leben möchten. Occupy zum Beispiel ist aus den Innenstädten verschwunden, doch gescheitert ist die Bewegung trotzdem nicht. Sie hat dafür gesorgt, dass wieder über Alternativen zum herrschenden System diskutiert wurde, welches der Ethnologe und Occupy-Aktivist David Graeber »Kamikaze-Kapitalismus« nennt. Auch den Occupisten ist es zu verdanken, dass sich Überzeugungen in den Mainstream verschoben haben, die man zuvor höchstens bei den Globalisierungskritikern von Attac vermutet hätte. Politiker jedweder Couleur beklagen heute die Boni-Exzesse der Banker, die undurchsichtigen Finanzinstrumente und die lasche Kontrolle, unter der Gier und Größenwahn erst gedeihen konnten. Alle wollen die Institute einer strengeren Aufsicht unterstellen, um zu verhindern, dass ein zweites Lehman Brothers passieren kann.

Die jungen Protestformen überall auf der Welt zeigen: Um etwas zu verändern, braucht es nicht immer Großorganisationen oder jahrzehntealte Institutionen. Auch Bündnisse, die räumlich und zeitlich begrenzt für oder gegen eine bestimmte Sache kämpfen, können etwas bewirken. Manchmal sind sie sogar effektiver. Meine Generation ist nicht unpolitisch, sie engagiert sich heute bloß anders. Wir verändern die Gesellschaft, und wir fangen dort an, wo ein Wandel dringend nötig ist: in der Arbeitswelt.

04 / WIE WIR ARBEITEN WOLLEN

Behütet aufgewachsen, gut vernetzt, selbstbewusst und anspruchs-voll. Das ist meine Generation, die nach 1980 Geborenen, die gerade hunderttausendfach die Arbeitswelt betreten und ihren Chefs genauso viel Aufmerksamkeit (wenigstens Blumen zum Geburtstag) und Anerkennung (ein Lob für die Extra-Arbeit) abverlangen wie ihren Eltern.

Was also erwarten wir bei der Arbeit?

Keine Sorge, es sind keine Firmenwagen mit Vollausstattung, kein Privatparkplatz in der Firmengarage und auch kein aufgeglastes Eckbüro mit Ausblick. Mit den alten Insignien der Macht können wir nichts anfangen, die herkömmlichen Statussymbole bedeuten uns wenig. Das Statussymbol meiner Generation heißt Selbstbe-stimmung. Was wir wollen, kostet nicht einmal Geld: mehr Flexi-bilität und Freiräume, regelmäßiges Feedback, gute Führung. Und eine Arbeit, die Sinn stiftet.

Wir möchten selbst entscheiden können, wo und wann wir ar-beiten. Was uns nicht einleuchtet, ist, warum wir eine Arbeit nur an einem bestimmten Ort in einem festgelegten Zeitfenster erledi-gen sollen. Natürlich gibt es viele Berufe, in denen das nicht anders geht. Jemand, der Autoteile montiert, muss pünktlich zum Schichtbeginn in der Fabrik sein. Eine Bäckereiverkäuferin kann ihre Brötchen nur im Laden und innerhalb der Öffnungszeiten verkaufen. Und die Arbeitszeit eines Lokführers richtet sich nun mal nach dem Fahrplan.

Doch Millionen von Wissensarbeitern könnten sich ihre Arbeit viel freier einteilen, als sie es heute tun. Ein leicht düster gezeichneter Büroarbeitstag sieht in Deutschland vielerorts so aus: Man fährt morgens in ein graues Industriegebiet, parkt sein Auto auf dem Firmenparkplatz, betritt einen grauen Betonriegel durch den Haupteingang, nimmt den Fahrstuhl in den fünften Stock, geht den grauen Teppichflur entlang, bis man hinten links sein Arbeitszimmer erreicht hat – ein kahles Büro, das man sich mit zwei Kollegen teilt (wenn man Glück hat). Es gibt sogar ein Fenster, aber das lässt sich nicht öffnen, weil die Raumtemperatur zentral reguliert wird. Schaut man hinaus, sieht man die Rückseite eines anderen grauen Büroriegels (oder eine Müllsortieranlage, wenn man Pech hat). Man fährt den Computer hoch, setzt sich an den Schreibtisch, und sitzt dann da sieben, acht Stunden, geht um 12 Uhr in die Kantine und um 15 Uhr zum Kaffeeautomaten, bis man um 17 Uhr den Betonriegel über Flur, Aufzug, Haupteingang wieder verlässt und nach Hause fährt. Jeden Tag. Von Montag bis Freitag.

Da kriegt meine Generation die Krise! In so einem Büro fühlen wir uns eingesperrt. Das ist wie Nordkorea, nur ohne rationierten Kaffee. Wie soll man da auch nur einen einzigen kreativen Gedanken fassen können?

Eine an Ort und Zeit gebundene Arbeit ist ein Relikt aus der Industriegesellschaft, als es noch eine klare Trennung zwischen Beruf und Freizeit gab. Zwischen den beiden Welten gab es kaum Überschneidungen. Tagsüber ging man arbeiten, und für das, was danach kam, erfanden die Deutschen einen schönen Begriff, den es in anderen Sprachen nicht gibt: den Feierabend. Der Feierabend gewährt Einblick in die deutsche Seele, man legt die Füße hoch, schaltet den Fernseher ein, versinkt im Sessel. Lässt die Arbeit Arbeit sein. Jahrzehntelang hat dieses Konzept gut funktioniert.

Doch meine Generation kennt keinen Feierabend mehr. Nicht weil wir ununterbrochen arbeiten würden, sondern weil wir zwischen Beruf und Freizeit keine klare Grenze mehr ziehen. Wir lesen auch nach Feierabend Arbeitsmails, wollen dann aber im Büro Facebook nutzen dürfen oder die neuen Schuhe bei Zalando bestellen.

Es heißt immer, meine Generation lege Wert auf eine gute Work-Life-Balance. Falsch! Schon der Begriff stört mich. Er suggeriert, dass die Arbeit und das Leben zwei getrennte Welten darstellen, die bitte unter keinen Umständen vermischt werden sollten: die mühsame Pflicht und die regenerative Zerstreuung, die Anstrengung und das Amüsement, der Ernst und das Spiel. Alles, was nicht Freizeit ist, ist demnach Unfreizeit, darf also keinen Spaß machen. Das gute Leben beginnt erst nach Dienstschluss – das ist die Botschaft des Mantras von der Work-Life-Balance. Doch was für eine gewaltige Zeitverschwendung wären die Tausenden Stunden, die wir bei der Arbeit verbringen, wenn wir sie überhaupt nicht als beglückend empfinden dürften? Wenn die Arbeit nur die Abwesenheit von Erfüllung und der Feierabend die Belohnung für die Entbehrung wäre?

Meine Generation will Leben und Arbeit in Einklang bringen, denn wir glauben, dass gute Arbeit wichtig für ein gutes Leben ist. Ohne Arbeit kann der Mensch verkümmern, der Verlust von Arbeit ist auch der Verlust von Sinn. Glück erst nach Dienstschluss zu erleben, das reicht uns nicht, wir wollen schon bei der Arbeit glücklich sein. In unserer Welt fließen die beiden Sphären ineinander wie die Milch und der Espresso in unserem Latte macchiato. Deshalb will ich hier lieber von einer Vermischung von Arbeit und Leben sprechen, von einem Work-Life-Blend.

Im Industriezeitalter stand Arbeit in Verbindung mit einem bestimmten Ort. Man *ging* zur Arbeit. Und auf der Arbeit *sein*, wurde gleichgesetzt mit *arbeiten*. Heute gibt es in Deutschland zwar immer noch Industriearbeitsplätze (wir haben sie glücklicherweise nicht allesamt gegen Finanz- und Servicejobs eingetauscht), aber wir leben auch in einer Kreativ- und Wissensökonomie, in der fast jede Arbeit am Computer von einem beliebigen Ort mit Internetanschluss erledigt werden kann.

Wir müssen nicht mehr arbeiten *gehen*. Wir können genauso gut zu Hause bleiben. Oder um vier Uhr das Büro verlassen, um im Café weiterzuarbeiten (oder gar nicht und dafür am nächsten Tag früher anfangen). Es gibt Webmail-Zugänge, Videokonferenzsysteme und Firmen-Chatprogramme, die es uns erlauben, mit unseren Vorgesetzten und Kollegen von überall zu kommunizieren, direkt und sofort. Wir sind ein wandelndes Büro. Wir müssen nicht mehr in einem Raum oder auf einem Flur sitzen (und uns gegenseitig beim Telefonieren stören). Dank der modernen Technologien ist flexibles Arbeiten heute kein entfernter Menschheitstraum mehr, sondern nur einen Mausklick entfernt. Warum also drücken wir nicht häufiger die Taste? Eine Kollegin aus dem Wirtschaftsressort arbeitet seit einiger Zeit von München aus. Jeden Mittwoch und Freitag wählt sie sich per Skype in unsere Konferenzen in Hamburg ein. Und auch die *Zeit*-Kollegen in Berlin schalten sich in die große Redaktionsrunde dazu. Die Technik funktioniert zwar nicht immer reibungslos – wenn wir zum Beispiel zu laut mit der Zeitung rascheln oder Kartoffelchips aus der Schüssel fischen (früher konferierte die *Zeit* bei Whiskey, heute gibt es Wasser und Chips), dann rauscht es gewaltig am anderen Ende der Leitung. Doch die Videokonferenzen haben den Austausch zwischen unseren Büros stark erleichtert. Und inzwischen gibt es Systeme, die so ausgereift sind, dass man den Eindruck hat, die Kollegen säßen im gleichen Raum.

Natürlich kann eine Videoschalte das persönliche Gespräch nicht ersetzen. Ideen entstehen auch meist nicht im Einzelbüro, sondern im Teamraum – im Diskurs mit anderen. Wenn ich mit meinen Kollegen plaudernd auf dem Gang stehe oder wir eine Runde kickern, kommen uns manchmal die besten Einfälle für Geschichten. Kickern per Live-Chat funktioniert (noch) nicht. Das geht nur, wenn Menschen an einem Ort zusammentreffen. Aber das heißt nicht, dass sie 40 Stunden pro Woche zusammen in einem Gebäude eingesperrt sein müssen.

Es ist gar nicht meine Absicht, das Ende der Büroarbeit auszurufen. Nicht alle wollen zu Hause arbeiten, auch ich gehe gerne in die Redaktion und vermisse meine Kollegen und den Tischkicker, während ich dieses Buch schreibe. Ich glaube ernsthaft, dass ich an Vereinsamung oder an einer Koffein- und Zuckerüberdosis sterben würde, würde ich dauerhaft allein in meiner Wohnung arbeiten. Einen Ort zu haben, wo man arbeitet und nicht gleichzeitig duscht, isst und schläft, gibt dem Tag eine Struktur und stellt sicher, dass man den Schlafanzug zwischendurch auch mal auszieht. Vielen ist das Büro eine zweite Familie. Wie sonst ist der Erfolg von Serien wie *Stromberg* zu erklären, die den Deutschen den Büroalltag nach Dienstschluss auch noch ins Wohnzimmer bringen?

Worauf ich hinauswill: Es geht meiner Generation darum, die Wahl zu haben, so wie wir auch sonst überall die Wahl haben (Wii oder Xbox, Tiefkühlpizza, Pizzaservice oder der Italiener um die Ecke). Was spricht dagegen, nur zu Meetings ins Büro zu kommen, wenn sich die Arbeit zu Hause schneller erledigen lässt? Warum nicht zwischendurch ein paar Besorgungen machen und dafür abends länger bleiben? Und wieso dieses Buchkapitel nicht am Samstag fertig schreiben, wenn ich am Freitagabend unbedingt ins Yoga will?

Ich bin natürlich nicht die Erste, die sich eine flexiblere Arbeitswelt wünscht. Davon haben Menschen schon vor Jahrzehnten geträumt. Und inzwischen gibt es viele Firmen, die selbstbestimmtes Arbeiten unterstützen. Fast jedes größere Unternehmen (und auch viele kleine) haben entsprechende Angebote. Als vorbildlich gilt

Microsoft Deutschland. Mitarbeiter können über ihr Notebook und Smartphone unterwegs auf Unternehmensdaten und Anwendungen zugreifen. Es gibt keine Anwesenheitspflicht, die Geschäftsführung, in der fünf von 14 Mitgliedern Frauen sind, setzt auf Vertrauensarbeit. Andere Firmen gehen so weit, dass sie gar keine festen Arbeitsplätze mehr anbieten. Wenn die Mitarbeiter mal im Büro sind, setzen sie sich einfach an einen freien Schreibtisch (einziges Problem: Wohin mit der Gummipflanze?).

Doch es gibt auch Unternehmen, die noch im Industriezeitalter verhaftet sind und (wieder) auf strikte Präsenzpflicht setzen. Kürzlich hat der Internetkonzern Yahoo seine Mitarbeiter ins Büro zurückkommandiert. Deren Chefin Marissa Mayer hat das Arbeiten von zu Hause aus abgeschafft. 11 500 Mitarbeiter sind betroffen. Mayer will nicht nur die Faulenzer im Unternehmen loswerden, sie glaubt auch, dass ihre Leute im Homeoffice weniger und schlechter arbeiten würden.

Beide Annahmen sind falsch. Schlimmer noch: Sie machen Yahoo für meine Generation ziemlich unattraktiv. Falsch sind sie, weil Studien belegen, dass Heimarbeiter im Schnitt sogar mehr leisten als ihre Kollegen in der Firma. Sie arbeiten effizienter, machen weniger Pausen und sind zufriedener mit ihrer Arbeit. Natürlich gibt es jene, die sich im Homeoffice einrichten wie auf einer Sitzsack-Oase. Doch mit dem Verbot der Heimarbeit bestraft Yahoo nicht nur die schlechten Mitarbeiter, sondern demotiviert auch die guten. Ich glaube, dass dieser Schaden wesentlich größer ist als der, den die Faulenzer anrichten. Denn viele verstehen eine solche Kontrolle als Misstrauensvotum, als Angriff auf ihre Arbeitsmoral. Meine Generation hat früh gelernt, sich selbst zu organisieren, und die meisten von uns gehen mit Freiheiten verantwortungsvoll um.

Ich habe neulich Gary Swart interviewt. Er ist der Chef von oDesk, das ist die weltgrößte Vermittlung von Onlinejobs. Sie bringt Programmierer, Softwareentwickler, Webdesigner und Übersetzer mit Arbeitgebern aus aller Welt zusammen. Swart vertrat die These, dass in ein paar Jahren jeder dritte Arbeitnehmer nicht mehr ins Büro gehen wird, sondern an einem beliebigen Ort mit Internetanschluss arbeitet.

Natürlich kann das jemand behaupten, der mit Projektarbeit im Internet sein Geld verdient. Doch unabhängige Zahlen belegen, dass die Nachfrage nach dieser Art von Jobs rasant wächst. Die Personalberatung SIA prognostiziert, dass damit bis 2014 weltweit zwei Milliarden Dollar umgesetzt werden, bis 2018 sollen es fünf Milliarden sein. Allein in Deutschland hat sich der Markt für Onlinearbeit über oDesk zwischen 2009 und 2012 verzehnfacht. 7600 Firmen und 10 000 Freiberufler haben sich auf dem Portal bereits registriert.

Die Projektarbeiter, die oDesk vermittelt, könnten viel freier und flexibler arbeiten als in einem festen Job, sagt Swart. »Sie haben die Möglichkeit, genau das Projekt zu machen, das sie sich aussuchen, von jedem Ort der Welt aus. Sie müssen der Arbeit nicht hinterherziehen, die Arbeit kommt zu ihnen.«

Swarts Jobs sind die extremste Form von flexibler Arbeit. Natürlich hat diese Flexibilität auch eine Kehrseite. Auf oDesk arbeiten Freiberufler ohne festes Einkommen und soziale Absicherung. Manche führen ein Leben wie digitale Tagelöhner. Das kann kein Modell für alle sein. Die Mehrheit meiner Generation zieht eine Festanstellung vor, wie Studien belegen. Aber ein fester Job und selbstbestimmtes Arbeiten müssen sich nicht ausschließen.

Swart glaubt, dass es mit der Arbeitswelt sein wird wie mit dem Internethandel. »Den gibt es seit rund 20 Jahren, und in den Innenstädten stehen immer noch Kaufhäuser«, sagt er. Manche Verbraucher kaufen alles online, bestellen Flachbildfernseher, Uhren und sogar Autos im Netz, andere gehen nach wie vor lieber in den Laden und lassen sich beraten. Und so wird auch die Arbeitswelt von morgen bunter sein. Klassische Bürojobs werden nicht verschwinden, aber es wird mehr Vielfalt bei den Beschäftigungsverhältnissen geben: Manche Menschen werden vor Ort arbeiten, andere aus der Ferne. Manche frei, andere fest angestellt. Flexibel und weniger flexibel. Wir möchten einfach die Wahl haben!

Meine Generation wünscht sich eine Arbeitswelt, in der es auf Ergebnisse ankommt. In der Leistung nicht daran bemessen wird, wie viele Stunden wir im Büro verbringen, sondern daran, was am Ende dabei herauskommt. Wir halten nicht viel von Kollegen, die aus Prinzip immer länger bleiben als der Chef, nur um Eindruck zu schinden. Wir halten auch nichts von Vorgesetzten, denen Mails nach Mitternacht imponieren, denn das zeigt in Wahrheit nur, dass jemand schlecht organisiert ist.

Ich bin überzeugt davon, dass in deutschen Unternehmen keine Gruppe produktiver arbeitet als Mütter und Väter in Teilzeit. Sie müssen um halb fünf nach Hause gehen, um ihr Kind von der Kita abzuholen, und schaffen trotzdem so viel wie der Kollege, der bis acht bleibt. Eine Arbeit benötigt immer genau so viel Zeit, wie man ihr einräumt. Hat man acht Stunden Zeit, erledigt man sie in acht Stunden. Hat man 16 Stunden, dauert es auch 16 Stunden. Also sollte man doch dafür sorgen, dass jemand, der die Arbeit in der halben Zeit schafft, dafür belohnt wird und zum Beispiel früher gehen kann.

Wir finden es ungerecht, wenn Kollegen doppelt so viel verdienen wie wir, aber nur halb so viel leisten. Dem Senioritätsprinzip, das dem Dienstältesten – unabhängig von seiner Leistung – das höchste Gehalt und die meisten Privilegien zugesteht, wünschen wir das gleiche Schicksal wie der deutschen Monarchie: die Abschaffung.

Wir haben auch ein anderes Verhältnis zu Autoritäten als unsere Eltern und Großeltern. Mein Vater, der in einem erzkatholischen Dorf aufwuchs, erzählt, dass es dort neben dem Herrgott noch drei weitere heilige Instanzen gab: den Priester, den Lehrer und den Arzt. Ihr Wort war Gesetz. Wenn mein Vater in der Schule etwas anstellte, wurde er zweimal bestraft: von der Lehrerin und von meiner Großmutter.

Heute müssen sich Lehrer vor Eltern rechtfertigen, wenn deren Kinder Ärger machen. Schreibt ein Schüler eine Fünf in Mathe, ist er nicht dumm oder faul, sondern hat einen Lehrer, der es nicht richtig erklärt hat. Es gibt Portale im Internet, auf denen Schüler ihre Lehrer an den Pranger stellen. Auf anderen lästern Patienten über Ärzte und beklagen sich über lange Wartezeiten. Und auch Geistliche sind nicht erst seit den Missbrauchsskandalen für viele keine Autoritäten mehr, vor allem nicht für die Jungen. All das kann man beklagen und als Ausdruck einer respektlosen Jugend deuten, doch ich glaube, dass sich Respekt heute anders ausdrückt.

Er ist nicht mehr an Status und Titel geknüpft, sondern an Taten. Das zeigt sich besonders in der Arbeitswelt. Hierarchie in Unternehmen ist für meine Generation nichts, was einfach so existiert. Wer uns führen will, muss sich unsere Gefolgschaft erst verdienen, nicht einmal, sondern jeden Tag aufs Neue. Wenn der Chef inhaltlich überzeugt, respektieren wir ihn. Ist er fachlich eine Null, stellen wir ihn infrage. Anders als die 68er wollen wir das Establishment nicht stürzen, wir sind schlicht ohne eines aufgewachsen.

Das hat vor allem mit dem Internet zu tun. Das Netz ist ein weitgehend hierarchiefreier Raum. Jeder kann auf (fast) jede Information jederzeit zugreifen. Früher war es das Privileg der Mächtigen, Meinung zu machen. In diesem Sinne mächtig waren zum Beispiel Journalisten, sie hatten Zugang zu Information und bestimmten darüber, was öffentlich wurde und wie etwas zu deuten war. Sie waren Autoren, und das verschaffte ihnen Autorität. Heute ist jeder ein Autor. Jeder kann seine Meinung im Internet äußern, er kann bloggen, twittern, kommentieren. Statt einer Meinung gibt es Millionen von Meinungen.

Der exklusive Zugang zu Informationen sicherte Generationen vor uns Macht, wir hingegen glauben, dass Wissen dazu da ist, geteilt zu werden. Alle sozialen Medien funktionieren nach diesem Prinzip. Auf Facebook, Twitter und Co. haben wir gelernt, dass wer

Wissen mit anderen teilt, selber profitiert. Teamarbeit ist für uns selbstverständlich, schließlich sind wir in Gruppen aufgewachsen: Krabbelgruppe, Sportverein, Lerngemeinschaft. Kooperation erwarten wir nun auch von unseren Arbeitgebern.

Wir machen keinen Dienst nach Vorschrift, sondern wollen ganz genau wissen, warum wir etwas tun. Wenn uns eine Entscheidung nicht einleuchtet, hinterfragen wir sie: Warum ein Investitionsantrag erst fünf Instanzen durchlaufen muss, bis er endlich genehmigt wird? Wieso wir erst in zwei Jahren befördert werden können, wenn wir der neuen Aufgabe doch heute schon gewachsen sind? Warum es all die Meetings geben muss, in denen Beschlüsse nur auf das nächste Treffen vertagt werden? Und dann kommt uns bitte nicht mit: »Das ist halt so.« Oder: »Das war schon immer so.« Damit geben wir uns nicht zufrieden. In unserer Welt ist nichts »halt so«.

Manchmal fragen wir uns, warum wir überhaupt einen festen Chef brauchen. Klar ist es gut, wenn jemand verantwortlich ist, und bequem, einfach das zu tun, was einem gesagt wird. Doch unsere Vorgesetzten wissen auch nicht alles (manchmal wissen wir es sogar besser). Wäre es nicht mal einen Versuch wert, Arbeitsgruppen so zu organisieren, dass immer gerade der das Sagen hat, der von einer Sache die meiste Ahnung hat? Warum wählen wir unseren Chef nicht nach Anlass?

Ich hatte neulich ein interessantes Gespräch mit Thomas Sattelberger, dem ehemaligen Personalchef der Deutschen Telekom, wo er als erster Vorstand in einem Dax-Konzern eine Frauenquote für Führungspositionen einführte. Er vertrat die These, dass Führungskräfte in Zukunft vermehrt von den Mitarbeitern direkt gewählt werden. Sattelberger sagte: »Führung wird nicht länger etwas von der Unternehmensspitze gottgleich Verliehenes sein, sondern etwas, das von der Akzeptanz der Geführten abhängt. Mit regelmäßigen Mitarbeiterbefragungen, bei denen schlechte Führung ohne jede Konsequenz bleibt, ist es nicht getan.« Der Gedanke leuchtet mir ein. Warum sollte nur der Chef seine Mitarbeiter aussuchen können? Warum dürfen nicht auch die Mitarbeiter ihren Chef bestimmen?

In einigen Unternehmen ist Führung schon heute teilweise an die Akzeptanz der Geführten gekoppelt. Bei der Deutschen Bahn zum Beispiel hat die Bewertung der Mitarbeiter Einfluss auf die Vergütung der Topmanager. Ein Drittel der Bezüge der Bahn-Vorstände hängt von der Zufriedenheit der Kunden und Mitarbeiter ab. Gute Noten, mehr Gehalt. Schlechte Noten, weniger Gehalt.

Doch wir wollen nicht nur unsere Chefs bewerten, wir wollen auch selbst Rückmeldung bekommen, und das bitte regelmäßig. In der Studie über die Generation Y des schwedischen Wissenschaftlers und Unternehmensberaters Anders Parment gab fast jeder Befragte an, er wünsche sich Feedback. Nur 0,3 Prozent sagten, sie würden lieber darauf verzichten. Mehr als ein Drittel glaubt, Feedback treibe die eigene Leistung an.

Die Ergebnisse überraschen mich nicht. Meine Generation ist eine Feedback-Generation. Wir werden ja selbst andauernd nach unserer Meinung gefragt. An der Uni evaluieren wir unsere Professoren, bei eBay verteilen wir Zufriedenheitspunkte, und wenn wir bei Europcar ein Auto ausleihen, bittet man uns anschließend, eine Feedback-Karte auszufüllen. Das nervt manchmal, aber wir wissen, dass solche Bewertungen hilfreich sind. Sie erzeugen Glaubwürdigkeit. Als ich neulich mein Handy auf eBay ersteigert habe, war ich beruhigt, dass mein Verkäufer fast 600 positive Bewertungen bekommen hatte und keine einzige negative. Im Internet wird Vertrauen zur neuen Währung, die eigene Reputation ist das soziale Kapital.

In meiner schwäbischen Heimat gibt es den Ausdruck: »Net g'schimpft isch g'nug g'lobt.« Nichts zu meckern haben, ist demnach genug des Lobes. Davon hält meine Generation genauso wenig wie von Chefs, die nur einmal im Jahr ein Mitarbeitergespräch führen. Das ist zu wenig! Wir erwarten keine stundenlangen, formellen Gespräche, es reicht, wenn der Chef kurz den Kopf in die Tür streckt und sagt, dass er uns und unsere Arbeit wahrnimmt.

Ein Vorwurf an meine Generation lautet, dass wir Feedback zwar lautstark einforderten, aber mit Kritik dann nicht umgehen könnten. Das mag auf einige zutreffen. Mein Eindruck ist aber, dass wir Kritik sehr wohl annehmen, nur muss sie gut begründet sein. Wir wollen erklärt bekommen, warum etwas nicht gut war, und dann auch bitte gleich hören, wie wir es besser machen können. Mit konstruktiver Kritik können wir umgehen.

Ein Topmanager zeigte sich im Gespräch neulich irritiert darüber, dass sich ein Trainee, den er gar nicht kannte, direkt bei ihm über eine Sache beklagte – per Mail. Der junge Mann habe auch gleich einen Verbesserungsvorschlag gemacht, erzählte er. Den obersten Chef direkt anzusprechen, das hätten sich die Jungen früher nicht getraut, heute erwarteten sie prompt eine Antwort! Anfangs hielt der Manager die Mail für anmaßend, dann lud er den Trainee zum persönlichen Gespräch. Er habe selten so ein ehrliches Feedback bekommen, erzählt er. Ja, Führung wird anspruchsvoller, Vorgesetzte müssen heute mehr kommunizieren und einbinden. Doch wenn sie uns erst einmal überzeugt haben, folgen wir bereitwillig.

Wir wollen einen Mentor und keinen Manager, der uns sagt, wo es langgeht. Wir brauchen kein Alphatier, das sein Ego vor sich herträgt wie das Känguru seinen Beutel. Wir wollen einen gebildeten, keinen eingebildeten Chef. Einen Vorgesetzten, von dem wir etwas lernen können.

Wir wünschen uns aber nicht nur einen Chef, auf den wir stolz sein können, sondern auch eine Arbeit, die Sinn stiftet. Wir wollen einen Beitrag leisten und erwarten das auch von unseren Arbeitgebern. Wir lieben Unternehmen, die Gutes tun: SOS-Kinderdörfer unterstützen, Hilfsgüter in Katastrophengebiete schicken oder in die E-Mail-Signatur schreiben, dass der Empfänger doch bitte an die Umwelt denken solle, bevor er diese Mail ausdruckt. So etwas macht Eindruck bei uns. Die Unternehmensberatung McKinsey wirbt mit Pro-bono-Projekten, bei denen junge Berater Bildungsinitiativen wie Teach First oder gemeinnützige Organisationen wie die Welthungerhilfe unentgeltlich unterstützen.

Soziales Engagement steht bei uns hoch im Kurs. Und diejenigen, die sich nicht selbst engagieren, möchten wenigstens bei einem Unternehmen arbeiten, das ihnen ihr schlechtes Gewissen erleichtert. So lässt sich auch das Ranking der besten Arbeitgeber interpretieren, für das das Berliner Trendence Institut jedes Jahr Zehntausende Studenten kurz vor ihrem Abschluss nach ihren Arbeitgeberpräferenzen befragt. Die Absolventen legen heute Wert darauf, dass das Unternehmen, für das sie einmal arbeiten werden, nachhaltig und umweltverträglich handelt und die Arbeit einen Sinn hat. Fast 50 Prozent der angehenden Kaufleute etwa gaben zuletzt an, dass »ethisch-moralische Gründe« für ihre Arbeitgeberwahl eine wichtige Rolle spielten. 44 Prozent machen ihre Jobentscheidung davon abhängig, ob der künftige Arbeitgeber gesellschaftlich verantwortlich handelt. Und nur noch jeder Dritte ist bereit, gegen gute Bezahlung über ein schlechtes Unternehmensimage hinwegzusehen.

Es gibt Firmen, für die würde ich nicht arbeiten, egal, welches Gehalt sie mir anbieten würden. McDonald's zählt dazu oder Philip Morris, und unter keinen Umständen würde ich bei einem Rüstungshersteller anheuern. Ich möchte mich mit meinem Arbeitgeber identifizieren und stolz sein auf das, was er in die Welt bringt. Fast Food, Zigaretten und Leopard-2-Panzer gehören nicht dazu.

Meine Generation sehnt sich auch bei der Arbeit nach einem guten Lebensgefühl. In dem Arbeitgeber-Ranking vom Trendence Institut schneidet die Drogeriemarktkette dm gut ab, die für einen fairen Umgang mit ihren Mitarbeitern bekannt ist. Ihr Gründer Götz Werner streitet nicht nur für ein Grundeinkommen, er schickt auch seine Nachwuchsmitarbeiter zum Theaterspielen. Auch Institutionen der internationalen Zusammenarbeit kommen bei den Jungen gut weg. Das Auswärtige Amt, die Europäische Zentralbank oder die Europäische Kommission bieten interessante Jobs und versprechen, die Welt politisch und ökonomisch sinnvoll zu gestalten – das zieht.

Im Sommer 2012 nahm ich an der Bucerius Summer School teil, wo jedes Jahr rund 60 junge Menschen aus Politik, Wirtschaft, Wissenschaft, Medien und internationalen Organisationen aus aller Welt zusammenkommen und zwei Wochen lang über das Weltgeschehen diskutieren. Die interessantesten Teilnehmer waren nicht die *Corporate Guys* aus den Großkonzernen, sondern Leute von Stiftungen und internationalen Institutionen. Die spannendsten Geschichten erzählte zum Beispiel eine junge Belgierin, die für die Terrorismusbekämpfung der Europäischen Union arbeitet und 15 Monate in Afghanistan lebte.

Eines Abends spielten wir das Spiel, bei dem jeder drei Geschichten erzählen muss – zwei sind wahr, eine ist erfunden, die anderen müssen erraten, welche unwahr ist. Die junge Frau erzählte, dass sie eine Schussverletzung am Hintern habe. Alle dachten, das sei gelogen. Doch die Geschichte stimmte wirklich, den Streifschuss zog sie sich in Afghanistan zu. Mehr als diese Abenteuergeschichte hat mich beeindruckt, mit welcher Überzeugung sie für eine Sache kämpft, von der sie glaubt, dass sie die Welt besser und sicherer macht.

Uns mit unserer Arbeit zu identifizieren, ist für viele von uns wichtiger als ein besser bezahlter Job, hinter dem wir nicht stehen. Ein Bekannter von mir entschied sich bewusst gegen das Geld. In der Jugend spielte er Rugby in Südafrika und half in den Townships, Häuser zu bauen. Zurück in Deutschland schlug er zunächst die klassische Laufbahn ein: studierte Wirtschaftsinformatik und trat eine gut bezahlte IT-Projektstelle bei Daimler an. Vor ein paar Jahren kündigte er und gründete die Internetplattform Betterplace, die Spender und Hilfsprojekte aus aller Welt zusammenbringt. Inzwischen hat er mehr als 20 Mitarbeiter. Seine Vision: Die Welt ein bisschen besser machen.

Jeder Ypsiloner kennt jemanden, der irgendwann beschlossen hat, statt dem Geld das Glück zu suchen. Neulich traf ich einen ehemaligen Unternehmensberater, der mir erzählte, dass er pro Jahr mehr als 200 Flüge angesammelt hatte, er jettete durch die Welt und verdiente mehr Geld, als er ausgeben konnte. Eines Tages kündigte er seinen Job, einfach so, er sah den Sinn nicht mehr in dem, was er tat. Heute arbeitet er für ein Start-up, das Familien dabei unterstützt, ihr todkrankes Kind zu Hause zu pflegen.

Oder da ist die junge Mitarbeiterin einer anderen internationalen Beratungsgesellschaft, die ihre Kollegen in einer Abschiedsmail auffordert, nach dem Sinn in der Arbeit zu suchen: »Auf eurem Heimweg heute Abend möchte ich euch ermutigen, euch in einem ehrlichen privaten Moment zu fragen, warum ihr tut, was ihr tut. Welche Vision habt ihr von der Welt, in der ihr leben wollt? Wo ist eure gegenwärtige Arbeit im Einklang mit dieser Vision, und gibt es Möglichkeiten, sie noch mehr in Einklang zu bringen?« Die junge Frau zieht nun ins Silicon Valley, um »eine neue Technologie zu erschaffen«.

Wir suchen Sinn bei der Arbeit, wir möchten einen Beitrag leisten. Doch wir sind keine Generation von Hobbyaltruisten. Wir arbeiten nicht nur für die gute Sache, sondern natürlich auch für Geld. Wir wollen von unserer Arbeit (gut) leben können. Wenn wir gefragt werden, was einen Job für uns attraktiv macht, dann gehört eine angemessene Bezahlung dazu. Aber sie ist für viele nicht das Wichtigste. Ein ordentliches Gehalt ist etwas, das wir voraussetzen, so wie den Firmen-Laptop oder das Jobticket für den öffentlichen Nahverkehr. Wenn wir allerdings die Wahl haben, ob wir mehr Geld wollen oder eine Arbeit, die uns erfüllt, dann entscheiden wir uns für Letzteres. Glück ist für uns wichtiger als Geld. Sinn zählt mehr als Status.

05 / WIR HABEN MACHT

Noch einmal: Wir wollen anders arbeiten, selbstbestimmt und im Einklang mit unseren Bedürfnissen. Wir fordern Feedback und Anerkennung. Glück ist für uns wichtiger als Geld. Wir suchen Sinn statt Status und eine Arbeit, in der wir aufgehen. Und wenn wir nicht kriegen, was wir wollen? Ja, was dann?

Dann drehen wir vielleicht ein Video. Das hat Marina Shifrin getan, eine junge US-Amerikanerin, die für eine taiwanesische Medienfirma Internetfilmchen produzierte. Eines Tages kündigte sie – per Video, das sie auf YouTube stellte. Darin tanzt Shifrin im Büro ausgelassen zu Kanye Wests Hit »Gone«, schleudert Arme und Beine durch die Luft, lässt die Hüften kreisen und ihren Pferdeschwanz im Takt hüpfen. Das Neonlicht taucht die kargen Schreibtischwaben im Hintergrund in ein fahles Licht. Doch Shifrin sprüht vor Energie. Sie wirkt gelöst, geradezu befreit. Heute ist ihr letzter Arbeitstag, und sie hat selbst bestimmt, wann Schluss ist.

Im Untertitel des Videos heißt es: »Es ist halb fünf Uhr morgens und ich bin bei der Arbeit.« Und in einer anderen Einstellung: »Fast zwei Jahre habe ich meine Beziehungen, meine Zeit und Energie für diesen Job geopfert.« Ihr Chef, beklagt sie, würde sich nicht für

Inhalte interessieren, nur dafür, wie häufig die Filmchen seiner Firma im Internet aufgerufen würden. Der Job lasse null Kreativität zu. »So habe ich mir gedacht, ich mache selbst ein Video, in dem es um den Inhalt geht und nicht um Klickzahlen.« Shifrin filmte ihren leeren Schreibtisch und hatte noch eine letzte Nachricht an ihren Chef: »Ich kündige.« Dann knipste sie das Licht aus – und weg war sie. Auf Nimmerwiedersehen.

Shifrins knapp zweiminütiger Auftritt ist nur eines von zahlreichen Kündigungsvideos, die im Netz kursieren, doch keines hat sich so rasant verbreitet. Auf YouTube ist es eine Sensation, binnen Tagen wurde es Millionen Mal angeklickt und tausendfach verlinkt. Den Clip haben mehr Menschen gesehen als die Videos von Shifrins Produktionsfirma. Und für die nun arbeitslose Amerikanerin ist es gute Eigenwerbung. Eine israelische Marketingagentur bot der 25-Jährigen gleich einen Job an, und Hip-Hop-Veteranin Queen Latifah fragte Shifrin in ihrer Show, ob sie als Produzentin für sie arbeiten wolle.

Früher hätte ein Chef, der eine Kündigung auf diese Weise erhält, wohl nur mit den Schultern gezuckt. Na und? Selber schuld, wenn sie hinschmeißt. Dann macht den Job eben ein anderer. Oder er hätte getobt vor Wut. Was fällt der ein? Undankbares Gör!

Shifrins Chef hingegen reagierte, indem er selbst ein Video drehte. Darin tanzen seine Mitarbeiter in den gleichen Kameraeinstellungen und zur selben Musik wie Shifrin (aber nicht halb so lustig). Sie sollen demonstrieren: Die Arbeit bei der Produktionsfirma macht Spaß. Der Chef wirbt mit einem Swimmingpool auf der Dachterrasse, einer Sauna und Bildern von gut gelaunten Mitarbeitern, die mit Plastikgewehren auf ihn zielen, woraufhin er theatralisch zu Boden sinkt. Die Botschaft zum Schluss: »Wir stellen Leute ein.«

In diesen beiden Videos zeigt sich, dass sich die Macht auf dem Arbeitsmarkt verschoben hat – ein Stück weg vom Arbeitgeber, ein Stück hin zum Arbeitnehmer. Shifrins Chef hat sich nicht über seine

Ex-Mitarbeiterin ausgelassen, er hat nicht nachgetreten. Er hat stattdessen versucht, den Imageschaden einzugrenzen und sich als attraktiven Arbeitgeber darzustellen – wenn auch mit wenig überzeugenden Argumenten: Was nützt ein Swimmingpool, wenn die Arbeit keinen Raum für Kreativität lässt?

Viele Personalchefs glauben fälschlicherweise, sie müssten uns möglichst viel Spaß bieten, eine kunterbunte Spielewelt, in der wir uns austoben können. Doch Spaß bringt für uns kein buntes Plastikgewehr, sondern eine Arbeit, die abwechslungsreich ist, Freiräume lässt und uns nicht wie verschwendete Zeit vorkommt.

Der virale Schlagabtausch auf YouTube macht deutlich, dass die Unternehmen meine Generation nicht ignorieren können. Sie müssen uns ernst nehmen. Denn wir sind zu viele, um uns abzutun, und gleichzeitig sind wir zu wenige, um nicht auf uns einzugehen. Klingt paradox, ist aber so. In den USA gehört schon jeder vierte Erwerbstätige der Generation Y an, in Indien machen die nach 1980 Geborenen sogar mehr als die Hälfte der Gesamtbevölkerung aus. Und Schätzungen gehen davon aus, dass meine Generation bis 2020 die Hälfte der globalen Erwerbsbevölkerung stellen wird. Jeder zweite Arbeitnehmer wird dann ein Ypsiloner sein! Wir sind viele.

Gleichzeitig sind wir – zumindest in einigen Industrieländern – zu wenige. Deutschland wird zum Land der Grauhaarigen. Wir sind das zweitälteste Volk der Welt, vor den Italienern, nach den Japanern. In Deutschland leben rund 20 Millionen Rentner. Jeder zweite Bundesbürger ist älter als 45, jeder dritte Wahlberechtigte im Ruhestand.

Es gibt Schaubilder, welche die Altersstruktur der Bevölkerung darstellen, links ist die männliche Bevölkerung eingezeichnet, rechts die weibliche, in der Mitte eine Achse mit dem Alter in Jahren. Sie erinnern ein wenig an die Tintenklecksbilder des Rorschach-Tests, mit denen sich angeblich die Persönlichkeit des Betrachters bestimmen lässt. Das Besondere an diesen Altersdiagrammen ist, dass sie je nach Land ganz unterschiedlich aussehen. In Indien oder in einigen

Ländern Südamerikas gleichen sie einer Pyramide, die unten breit ist und oben spitz zusammenläuft. Das bedeutet, dass es dort viele Junge und wenige Alte gibt. In Deutschland hingegen gleicht der Bevölkerungsaufbau zunehmend einem Baum: Ein schmaler Stamm, das sind wir, darüber eine ausladende Krone mit einer breiten, flach zulaufenden Spitze, das sind die Menschen über 60.

Die Alten sind hierzulande in der Mehrheit. Im Jahr 1960 machten die unter 20-Jährigen noch 28 Prozent der Bevölkerung aus, im Jahr 2010 gerade einmal 18 Prozent. Der Anteil der Menschen, die 60 Jahre und älter waren, wuchs in der gleichen Zeit hingegen von 17 auf 26 Prozent. Und während die nachwachsenden Generationen schrumpfen, leben die Alten immer länger. Bis 2060 werden die Jungen nur noch 15 Prozent der Bevölkerung stellen, die Alten hingegen fast 40 Prozent.

Die Deutschen werden immer älter und gehen trotzdem schon im Schnitt mit 61 Jahren in Rente (aber das ist ein anderes Thema). Wenn immer weniger Junge auf den Arbeitsmarkt kommen und immer mehr Alte in Ruhestand gehen, fehlen den Unternehmen irgendwann Mitarbeiter. Der deutschen Wirtschaft geht es so gut wie lange nicht, doch einigen Branchen gehen schon heute die Fachkräfte aus: Es mangelt an Ingenieuren und Computerspezialisten, an Mathematikern, Chemikern und Physikern.

Nicht nur die Akademiker sind inzwischen knapp. Noch dringender gesucht werden in Deutschland derzeit Menschen mit bestimmten Berufsausbildungen: Klempner, Lokführer, Altenpfleger, Krankenpfleger, Klimatechniker, Mechatroniker. In all diesen Berufen sind bei den Arbeitsagenturen mehr offene Stellen gemeldet als Arbeitsuchende. Das geht aus der sogenannten Engpassanalyse der Bundesagentur für Arbeit hervor. So kommen auf 100 Stellen für Lokführer nur 48 entsprechend ausgebildete Arbeitslose. Bei den Altenpflegern sind es sogar nur 39, bei Klempnern und Sanitärtechnikern 63.

Und glaubt man den Prognosen, dann steht Deutschland das dicke Ende erst noch bevor. Laut der Studie *Arbeitslandschaft 2030*, die das Forschungsinstitut Prognos im Auftrag der Vereinigung der Bayerischen Wirtschaft erstellt hat, werden in Deutschland bereits 2015 fast drei Millionen, bis 2030 sogar fünf Millionen Arbeitskräfte fehlen. Wenn dauerhaft Fachkräfte knapp sind, hat das Auswirkungen auf die ganze Gesellschaft. Das Wachstum verlangsamt sich, Steuereinnahmen brechen weg. Den Wohlstandsverlust, der Deutschland bis 2030 aufgrund des Arbeitskräftemangels droht, schätzt Prognos auf 3,8 Billionen Euro, das sind 3 800 000 000 000 Euro – so viel wie die gesamte deutsche Wirtschaft in knapp eineinhalb Jahren erwirtschaftet. Der Finanzminister müsste auf insgesamt 140 Milliarden Euro verzichten – Geld, das dann für den Bau von Kitas und Schulen, für Brücken und Bahnhöfe fehlen würde. Das sind gewaltige Zahlen, die gewaltige Umbrüche erfordern.

Halb so wild, sagen die Kritiker. Wenn die Deutschen weniger werden, kann ruhig auch die heimische Wirtschaft schrumpfen, es müssen dann ja weniger Menschen mit Waschmaschinen, Kühlschränken und Bausparverträgen versorgt werden. Doch Deutschland ist nun einmal ein Exportland, dessen Wohlstand stark davon abhängt, wie sich seine Unternehmen im globalen Wettstreit schlagen. Und entgegen dem deutschen Trend wächst die Weltbevölkerung rasant und mit ihr die Mittelschicht, die nach deutschen Autos, Turnschuhen und Versicherungen verlangt.

Gut, wenden die Skeptiker ein, aber es wandern doch jedes Jahr viele Türken, Spanier, Griechen, Italiener, Polen und Rumänen ein, die die Lücken auf dem Arbeitsmarkt schließen können. Ja, es stimmt, 2012 kamen laut Statistischem Bundesamt so viele Menschen nach Deutschland wie seit 1995 nicht: mehr als eine Million. Zieht man die Personen ab, die Deutschland in diesem Jahr verlassen haben, sind unterm Strich 369 000 mehr gekommen, als gegangen sind. Das ist ebenfalls der höchste Stand seit 1995. Das klingt viel, wird aber nicht reichen. Zumal Deutschland nicht jedes Jahr so stark wächst. 2008 und 2009 stand ein Minus vor den Zahlen – es wanderten mehr Menschen aus als ein. Statistiker gehen davon aus, dass Deutschland jedes Jahr etwa 400 000 Zuwanderer braucht, um sein wirtschaftliches Niveau zu halten. Das haben wir nicht einmal im Rekordjahr 2012 geschafft.

Zuwanderer allein können die Talentlücke also nicht schließen. Lange Zeit mussten Firmen nur um Kapital buhlen, nun buhlen sie auch um Mitarbeiter. Der Wettbewerb um Talente wird härter, und meine Generation ist die erste, die davon profitiert. Die Firmen brauchen Nachwuchskräfte so dringend wie nie zuvor.

Die Kombination aus einem schnell wachsenden Gewicht innerhalb der Arbeitsbevölkerung und einem sich verschärfenden Fachkräftemangel verschafft meiner Generation etwas, was früheren Generationen vorenthalten war: Macht. Es ist die Macht der Demografie, die Macht der Knappheit in einem wirtschaftlich florierenden Land. Das hat Auswirkungen auf die Arbeitswelt. Der Arbeitsmarkt wandelt sich zu einem Arbeitnehmermarkt. Mit meiner Generation verschieben sich die Kräfte weg vom Arbeitgeber hin zum Arbeitnehmer. Sie balancieren sich aus wie eine Wippe, an deren Enden zwei gleich schwere Personen sitzen. Noch bildet die Wippe keine Waagrechte, aber sie nähert sich diesem Zustand an. Die Verschiebung ist gewaltig, weil sie Kräfte bewegt, die jahrzehntelang auf einer Seite verharrten.

Auf einmal müssen die Älteren, die in der Wirtschaft das Sagen haben, uns Jungen zuhören. Das gibt uns die Chance, unsere Vorstellungen und Wünsche auch in die Berufswelt zu übertragen. Plötzlich können wir Forderungen stellen. Das ist neu, war es doch immer das Privileg der Alten, die Regeln festzulegen, und die Pflicht der Neuen, sich daran zu halten. Druck kam immer von oben. Wer aufsteigen wollte, musste sich anpassen. Erstmals können wir nun Druck von unten machen. Das ist revolutionär. Meine Generation verändert die Arbeitswelt nicht, indem sie Widerstände bricht und einen Wandel erzwingt, er vollzieht sich unter den veränderten Machtverhältnissen von allein. Unsere Macht liegt darin, dass wir uns nicht anpassen *müssen*.

Diese Interpretation ist nicht unumstritten. Manche beurteilen das Machtgefüge auf dem Arbeitsmarkt ganz anders. Frank Schirrmacher zum Beispiel, einer der Herausgeber der *Frankfurter Allgemeinen Zeitung*, hat zwei Tage nach dem Rücktritt von Ex-Bundespräsident Christian Wulff einen Essay veröffentlicht, in dem er sich mit seiner Generation, den Babyboomern, auseinandersetzt. Die Boomer kamen zwischen 1946 und 1964 zur Welt, nie zuvor und nie danach wurden hierzulande so viele Kinder geboren. Sie sind die größte und die wohlhabendste Alterskohorte aller Zeiten.

Schirrmacher schrieb in der *Frankfurter Allgemeinen Sonntagszeitung*: »Die Boomer sind die erste Generation in Deutschland, die zahlenmäßig der jüngeren Generation überlegen ist – sie hatte deshalb über einen viel längeren Zeitraum als in der Vergangenheit auch nicht den Aufstand der Jungen gegen ihr Lebensmodell zu befürchten.« Und weiter: »Aufgrund ihrer puren Masse haben die Babyboomer durch ihr bloßes Wollen, Wünschen und Empfinden die Märkte verändert.« Schirrmacher glaubt, dass die Jungen gegen die Übermacht und den Einfluss der Babyboomer wenig ausrichten können. Ihnen bleibt nichts anderes übrig, als sich anzupassen. Ihre geringe Größe gereicht ihnen nicht zum Vorteil, sie erweist sich als Nachteil.

Auch *Zeit*-Redakteurin Anita Blasberg, Jahrgang 1977, kommt zu diesem Schluss. Sie glaubt, dass die Babyboomer in Deutschland heute überall bestimmten, wo es langgehe, und dass die Jungen dagegen machtlos seien. In einem Manifest in der *Zeit* kommt Blasberg zu dem Schluss: »Es gibt keinen Druck von unten, die alten Paradigmen durch neue zu ersetzen. Es ist seltsam: Obwohl die Welt sich in rasendem Tempo ändert, steht das Land still. Die Menschen blicken lieber nach hinten als nach vorne. Die Gegenwart wird schmaler, die Vergangenheit breiter, die Zukunft ist längst nicht mehr zu sehen.« Und weiter: »Auch wir Jungen haben die Strategie der Anpassung gewählt. Das ist die Tragik. Denn wir orientieren uns nicht an unseren Generationsgenossen, sondern an der älteren Mehrheit.«

Ich teile Schirrmachers und Blasbergs Beobachtungen nicht. Ich finde nicht, dass wir Jungen der Übermacht der Alten hilflos ausgeliefert sind. Ja, die Boomer sind viele, aber uns gehört die Zukunft. »Für Menschen unter 40«, schreibt Blasberg, »kann sich das Leben anfühlen wie ein immerwährendes Auswärtsspiel.« Mein Leben fühlt sich nicht so an und ich habe auch nicht den Eindruck, einer verdrängten oder verhinderten Generation anzugehören. Das ewige Jammern hilft uns nicht weiter.

Gewiss, Anita Blasbergs Feststellung ist richtig, dass die Babyboomer an den Schalthebeln der Macht sitzen – in Politik, Wirtschaft und Kultur. Doch das liegt vor allem am Wesen dieser Ämter. Kanzlerin, Ministerpräsident, Konzernvorstand oder einflussreicher Publizist wird man nun mal nicht über Nacht, sondern erst nach vielen Jahren harter Arbeit und langer Erfahrung. Und das ist auch gut so. Ich möchte nicht von einer 30-Jährigen regiert werden. Ich möchte auch nicht in einem Unternehmen arbeiten, dessen Chef gerade erst seinen Bachelor gemacht hat. Nur weil die Älteren schon oben angekommen sind, heißt das nicht, dass sie dort immer bleiben werden. Die älteren Babyboomer sind schon im Ruhestand, und die jüngeren werden ihnen folgen.

Meine Generation kann nun entweder beklagen, dass die Älteren die Macht haben, oder sie kann versuchen, ihre eigene auszuspielen. Wir müssen nicht warten, bis alle Babyboomer aus den Unternehmen verschwunden sind. Wir können jetzt anfangen, von unten etwas zu verändern. Wir sollten uns nicht kleiner machen, als wir sind. Denn gerade unsere kleine Größe ist ein Vorteil für uns. Weil wir gefragt sind, können wir die Arbeitswelt nach unseren Vorstellungen formen. Wir haben Macht!

Kommt jetzt also der Aufstand der Jungen? Sicher nicht so, wie sich die Älteren einen Aufstand der Jungen vorstellen. Wir rütteln nicht am Konzerntor, stürmen nicht die Vorstandsetage mit Transparenten, auf denen steht: »Platz da! Jetzt übernehmen wir!« So sind wir nicht, so müssen wir auch gar nicht sein. Was wir vorhaben, ist keine laute Revolution, sondern vielmehr ein lautloser, aber rascher und grundlegender Wandel der Arbeitswelt.

Es heißt immer, Veränderungen in einem Unternehmen könnten nur von oben kommen. Die Konzernspitze müsste sie vorleben. Das zeigt sich zum Beispiel in der Diskussion um die Frauenquote. Ein Unternehmen fördert noch lange keine Frauen, nur weil dort viele junge Frauen arbeiten. Entscheidend ist, ob sie es irgendwann ganz nach oben schaffen. Das geschieht meist nur dann systematisch, wenn es das erklärte Ziel eines Unternehmens ist – so wie bei der Deutschen Telekom, die sich eine verbindliche Quote für Führungspositionen gab. Dort ist die Quote eine politische Willenserklärung, ein Symbol von oben.

Es braucht beides – das Bekenntnis von oben und den Druck von unten, Mitarbeiter, die sagen, was sie wollen, und auf Veränderungen hinwirken. Das ist die Aufgabe meiner Generation. Und was uns bei unserer Mission hilft, ist, dass wir eine Kultur in den Unternehmen fordern, die letztlich allen zugutekommt, auch den älteren Kollegen. Denn auch sie wollen heute anders arbeiten, nur haben sie sich bisher nicht getraut (oder nicht die Macht gehabt), es auch einzufordern. Wir trauen uns und kämpfen tausendfach für einen Wandel, der allen nützt: für eine Arbeit, die Freiräume lässt und bei der es auf Ergebnisse ankommt, nicht auf die dafür aufgewendeten Stunden. Für Chefs, die uns regelmäßig Feedback geben und uns Perspektiven bieten. Für Jobs, für die wir uns gerne ins Zeug legen, die aber auch Rücksicht auf unser Privatleben nehmen.

Die Veränderung ist heute schon sichtbar. Sie zeigt sich zum Beispiel im Bewerbungsgespräch. Meine Generation stellt Fragen, die Personalmanager bislang nicht kannten: Darf ich Montag und Freitag von zu Hause arbeiten? Wie sieht es mit einer Vier-Tage-Woche aus? Ein Sabbatjahr ist doch möglich, oder? Bieten Sie eine Kinderbetreuung an? Nein? Das hatte ich eigentlich vorausgesetzt.

Früher waren solche Gespräche etwas, bei dem nur einer verlieren konnte: Meist war es der Bewerber. Mit zitternden Knien und schweißnassen Händen saß er dem hoffentlich zukünftigen Chef gegenüber und versuchte, seine Körperreaktionen irgendwie unter Kontrolle zu bringen. Sein Gegenüber lehnte derweil entspannt im Sessel, die Arme hinter dem Kopf verschränkt, den Krawattenknoten gelockert: »Sie wollen also bei uns anfangen. Erzählen Sie doch mal, was Sie so draufhaben.«

Der Bewerber, der sich akribisch vorbereitet hatte, breitete seine Unterlagen aus, legte Zeugnisse, Urkunden, Empfehlungsschreiben vor. Er erzählte von seiner Ausbildung, den Praktika, der einschlägigen Berufserfahrung und hoffte, dass sein Lebenslauf einen solideren Eindruck machte als die schlotternden Knie. Der Chef fragte, der Bewerber antwortete. Der Chef bohrte nach, der Bewerber schwitzte. Der Chef testete Schwächen, der Bewerber legte sein Seelenleben offen. Am Ende hieß es dann: »Sie hören von uns.« Die Rollenverteilung war klar: Einer wählte, der andere wartete.

Natürlich gibt es solche Bewerbungsgespräche auch heute noch. Auf manche Stellen bewerben sich Hunderte Kandidaten. Es gibt aber auch viele Firmen in Deutschland, die einen Ausbildungsplatz nicht vergeben können, weil sich niemand darum bewirbt, und freie Stellen monatelang nicht besetzen, weil sich kein geeigneter Kandidat findet. Heutzutage ist nicht mehr ganz klar, wer sich da eigentlich bei wem bewirbt – der Kandidat beim Unternehmen oder das Unternehmen beim Kandidaten. Die Bewerber stellen heute Fragen, die Arbeitgeber müssen antworten. Eine Zusage bedeutet noch lange nicht, dass der Bewerber sie auch annimmt, und wenn, dann verhandelt er häufig noch über ein besseres Angebot.

Jutta Rump, BWL-Professorin an der Hochschule Ludwigshafen, mit der ich mich gelegentlich über die Generation Y austausche, erzählte mir einmal, wie sich ein junger Mann um eine Stelle an ihrem Lehrstuhl bewarb. Nachdem Rump ihre Fragen gestellt hatte, fragte sie den Bewerber, ob er auch etwas von ihr wissen wolle. Daraufhin zog dieser eine Checkliste aus der Tasche, auf der verschiedene Arbeitgeber eingetragen waren, dahinter lauter Kreuze und Haken. Also, fragte er, wie es aussehe: »Wann bekomme ich mein erstes eigenes Projekt? Wann kann ich ein Team anleiten? Kann ich auch von zu Hause arbeiten? Welche Gesundheitsförderung bieten Sie?« 20 Punkte habe er abgearbeitet und seine Kreuzchen und Häkchen gesetzt, erzählt die Professorin. Bei der Verabschiedung meinte er: »Frau Rump, ich glaube, Sie kommen in die engere Auswahl.« Der junge Mann wurde eingestellt oder besser gesagt: Er stellte sich selbst ein.

Auf die Spitze getrieben könnte ein Vorstellungsgespräch künftig so ablaufen wie in dem Video, mit dem die Axel Springer AG einmal junge Talente für ihr digitales Geschäft suchte. Es spielt im Axel-Springer-Haus in Berlin, an der Nahtstelle zwischen Mitte und Kreuzberg. Im 19. Stock findet ein Auswahlverfahren statt. Die Vorstandsriege des Medienkonzerns hat sich versammelt, grauhaarige Herren in grauen Anzüge, es geht sehr förmlich zu. Eine Assistentin ruft den nächsten Bewerber auf, die Herren warten.

Herein kommt ein junger Mann mit Schlabber-Shirt und Umhängetasche, er nickt den Voständen kurz zu, ohne sein Telefonat zu unterbrechen. Lautstark und im Gamer-Jargon erzählt er einem Kumpel von seinen jüngsten Computerspiel-Erfolgen. »Damn, war das fett. Was der für ne ›damage per second‹ gehabt hat, das war so krank!« Der Bewerber geht im Zimmer auf und ab, die Vorstände schauen verdutzt. Als der junge Mann endlich auflegt, sagt er: »So Leute, seid ihr bereit oder seid ihr bereit? Blackberrys aus, einmal konzentrieren!« Dann erklärt er den Medienveteranen, wo die Zukunft des Journalismus liegt, und verteilt ein »Konzept«, auf dem er irgendwelche Skizzen gekritzelt hat. »Verteil das mal bitte«, weist er die einzige Dame im Raum an, »bitte noch nicht reingucken.« Und als diese doch einen Blick in die Unterlagen riskiert, raunzt er sie an: »Nicht reingucken, hab ich gesagt!«

Gewiss, das ist Satire, ein PR-Gag, der dem Konzern ein jugendliches Image verpassen soll. Niemand verhält sich so in einer Bewerbungssituation, zumindest nicht, wenn man den Job haben möchte. Doch ich glaube, dass meine Generation tatsächlich selbstbewusster in Auswahlgespräche geht als frühere Generationen. Wir wollen heute nicht nur einen guten Eindruck machen, wir wollen auch Chef und Team kennenlernen und herausfinden, ob wir zueinanderpassen. Aus einem einseitigen Auswahlprozess wird eine gegenseitige Evaluierung. Die Jobsuche gleicht immer mehr einer Partnerwahl: Beide Seiten müssen vom anderen überzeugt sein.

An dieser Stelle muss man allerdings kurz innehalten und ein paar Einschränkungen machen. Die Machtverschiebung auf dem Arbeitsmarkt erfasst längst nicht alle Branchen und Berufe. Millionen von Arbeitnehmern in Deutschland sind froh, wenn sie überhaupt einen Job haben. Anstatt Ansprüche zu stellen, müssen sie Abstriche machen. Während ich diese Zeilen schreibe, meldet die gewerkschaftsnahe Hans-Böckler-Stiftung, dass es in Deutschland acht Millionen Niedriglöhner gibt. Sie verdienen weniger als zwei Drittel des mittleren Stundenlohns, also weniger als 9,14 Euro. Das betrifft fast jeden vierten Arbeitnehmer. 2,9 Millionen Menschen verdienen sogar weniger als sechs Euro die Stunde und 1,8 Millionen weniger als fünf Euro. Und es sind längst nicht nur die Ungelernten: Knapp 70 Prozent aller Billiglöhner haben eine abgeschlossene Berufsausbildung, fast jeder zehnte hat einen Studienabschluss.

Diesen Beschäftigten muss das Springer-Video wie ein schlechter Witz vorkommen. Vielerorts sind die Arbeitgeber noch sehr mächtig und die Arbeitnehmer ziemlich ohnmächtig. Die Beschäftigten müssen sich dem Job anpassen, sie können keine Bedingungen stellen. Viele können von ihrem Lohn nicht einmal leben, sie machen zwei oder drei Jobs gleichzeitig, um über die Runden zu kommen. Andere verdienen gar so wenig, dass sie Hilfe vom Staat benötigen. Die Minijobber und Niedriglöhner, die Leiharbeiter und Aufstocker sitzen nicht am längeren Hebel, sie müssen nehmen, was sie kriegen.

Und trotzdem bin ich überzeugt, dass sich die Machtverhältnisse auf dem Arbeitsmarkt verschieben. Derzeit profitieren davon vor allem die gut Ausgebildeten und diejenigen mit beruflichen Qualifikationen, die in Unternehmen dringend gebraucht werden. Sie können sich die Jobs häufig aussuchen. Die Demokratisierung der Arbeitswelt spüren zunächst die Privilegierten. Umso wichtiger ist es, dass sie sich als Pioniere begreifen und in der Arbeitswelt neue Standards setzen, die später möglichst allen zugutekommen. Dafür sollte sich meine Generation einsetzen.

Vielleicht ist das sozialromantisch, vielleicht ist in der Berufswelt doch jeder sich selbst der Nächste. Aber vielleicht ist ein tief greifender Wandel einfach überfällig. Wer hätte den Atomausstieg für möglich gehalten, als ein paar Umweltbewegte vor gut 30 Jahren beschlossen, eine grüne Partei zu gründen? Wer hätte Ende der 1980er-Jahre gedacht, dass die Mauer so schnell fallen könnte? Auch mit Blick auf die Arbeit hat sich die Gesellschaft gewandelt, sie verlangt nach mehr Freiheiten. Meine Generation hat die Macht, sie in der Arbeitswelt durchzusetzen. Wir sollten diese Macht nutzen – nicht nur für uns, sondern für alle.

06 / WIR WOLLEN NICHT LEBEN WIE IHR

Unsere Eltern leben, um zu arbeiten. Für viele steht der Beruf im Vordergrund. Vor allem unsere Väter haben dem Job vieles untergeordnet. Sie waren gute Väter, aber sie waren auch abwesende Väter. Die meisten haben mehr Zeit mit Kollegen verbracht als mit ihren Kindern. Meinen Vater, der ein Bauunternehmen führt, habe ich unter der Woche kaum gesehen. Er ging morgens um kurz nach sechs aus dem Haus und kam abends vor sieben Uhr selten zurück. Und dann musste er häufig noch zur Gemeinderatssitzung, zum Ortstreffen der Selbständigen, auf ein Richtfest oder sonst irgendwo hin. Irgendwas war immer. »Da muss ich mich sehen lassen«, sagte er dann.

Auch der Samstag war bei meinen Eltern in der Regel ein Arbeitstag. Und weil die Baufirma ein Familienunternehmen ist, musste die ganze Familie mit anpacken. Während meine Schwester und ich den Lagerplatz fegten, saß mein Vater am Schreibtisch und schrieb Angebote oder machte seine Post. Ich kann mich nicht erinnern, dass meine Eltern einmal länger als zwei Wochen am Stück frei hatten. Die verbrachten wir dann auf Gewaltmärschen durch die österreichischen Alpen oder bei 100-Kilometer-Radtouren durch französische Flusslandschaften – man konnte ja auch im Urlaub nicht einfach nur herumsitzen.

Zeit für Familie war dann, wenn in der Baufirma gerade wenig los war. Dummerweise war das meistens im Winter. Ich freute mich als Kind immer über »Schlechtwetter«, denn das bedeutete, dass auf der Baustelle wegen Schnee oder Dauerfrost nicht gearbeitet werden konnte. Mein Vater hasste Schlechtwetter, es war abträglich fürs Geschäft, ich dagegen liebte es. Vielleicht macht mir heute deshalb der viele Regen in Hamburg nichts aus.

Als Kind von Selbständigen mag ich ein Sonderfall gewesen sein, meine Eltern kannten keine 39-Stunden-Woche oder 30 Tage Jahresurlaub. Doch auch wenn ich nach der Schule meine Freundinnen besuchte, waren deren Väter nie zu Hause. Ich sah immer nur die Mütter. Unsere Väter arbeiteten Vollzeit, sie gingen morgens aus dem Haus, und als sie zurückkamen, waren wir häufig schon im Bett. Sie wurden Väter in einer Zeit, als Männer in Teilzeit so selten waren wie Frauen im Bundeskanzleramt, als die Geburt eines Kindes kein Grund war, wochenlang der Arbeit fernzubleiben. Vätermonate wurden erst viel später erfunden.

Mein Vater wusste bis vor Kurzem nicht einmal, was ein Sabbatical ist. Das erfuhr ich durch einen lustigen Umstand: Damit ich dieses Buch schreiben konnte, stellte mich die Redaktion zwei Monate frei. Wer mir in dieser Zeit eine Mail schrieb, bekam eine Abwesenheitsnotiz, in der stand, dass ich im Sabbatical sei und meine Mails nicht weitergeleitet würden. Irgendwann bekam ich eine SMS von meinem Vater, er schrieb: »Ich habe dir eine Mail geschrieben und sie kam wieder zurück. Angeblich bist du im Sabbatical, wo auch immer das ist.« Ich musste laut lachen.

Unsere Väter waren Versorger, häufig haben sie die Familie allein ernährt. Viele Mütter blieben zu Hause, zumindest in den ersten Jahren, als die Kinder klein waren. Sie hatten häufig gar keine andere Wahl. In dem Dorf im Nordschwarzwald, wo ich aufwuchs, gab es einen Kindergarten für Kinder ab drei Jahre. Der hatte vormittags von 8 bis 11.30 Uhr und nachmittags von 14 bis 16 Uhr geöffnet. Über die Mittagszeit machte er zu, in den Ferien war er wochenlang geschlossen. Für meine Mutter, die wieder anfing zu arbeiten, sobald ich in den Kindergarten durfte, war das ein Problem. Wo sollte sie hin mit mir und meiner Schwester? Meine Großeltern wohnten weit weg. Eine Tagesmutter war zu teuer.

So nahm meine Mutter einen Halbtagsjob an (die Baufirma gründeten meine Eltern erst zwei Jahre später). Sie brachte meine Schwester und mich morgens schon um halb acht in den Kindergarten, weil sie um acht Uhr bei der Arbeit sein musste. Wir Kinder fanden das toll, weil wir bis acht Uhr, als die anderen Kinder kamen, alle Spielsachen für uns allein hatten. Mittags nahm mich meine Schwester an die Hand und wir gingen zu Fuß nach Hause. Dann klingelten wir bei einer älteren Dame, die gegenüber wohnte. Wir nannten sie Oma Dorle, obwohl sie gar nicht unsere Oma war. Bei ihr blieben wir und aßen die besten Waffeln der Welt, bis meine Mutter um halb eins von der Arbeit zurückkam.

Mütter in den 1980er-Jahren waren entweder auf ihre Eltern oder auf so liebe Menschen wie Oma Dorle angewiesen, wenn sie arbeiten gehen wollten. Kindertagesstätten, die schon Kleinkinder aufnehmen und deren Öffnungszeiten sich nach den Arbeitszeiten der Eltern richten, gab es damals so gut wie nicht, zumindest nicht in Westdeutschland und erst recht nicht auf dem Land.

Unsere Mütter mussten beruflich häufig zurückstecken, sich dem Wohl der Familie unterordnen. Nicht alle empfanden das als Verzicht, manche zeigten in ihrer Mutterrolle einen Ehrgeiz, mit dem sie es im Beruf zur Vorstandsfrau hätten bringen können. Doch viele mussten sich damals noch entscheiden: Kind *oder* Karriere. Die Folge war, dass viele unserer Eltern eine klassische Einverdiener-Ehe führten. Die Rollen waren klar verteilt: Die Frau blieb zu Hause, der Mann ging arbeiten, machte Karriere und war meistens – weg.

Das belastete viele Familien. Meine Generation ist in einer Zeit groß geworden, in der statistisch gesehen jede dritte geschlossene Ehe in die Brüche ging – so viel wie nie zuvor in der Bundesrepublik. Wir sind auch eine Generation von Scheidungskindern. Gewiss, daran sind nicht allein abwesende Väter Schuld, die Familie verlor in einer sich individualisierenden Welt als gesellschaftliche Norm insgesamt an Bedeutung. Doch fehlende gemeinsame Zeit fördert nicht unbedingt das Familienglück.

Nicht nur Ehen litten unter der Arbeitsbelastung, auch der eigene Körper stieß irgendwann an Grenzen: Bluthochdruck, Herzinfarkt, Schlaganfall. Aus Managerleiden wurden Volkskrankheiten. Wir erlebten die Arbeit unserer Eltern auch als etwas Zerstörerisches. Mein Vater war nie krank, und doch hatte ich immer Sorge, dass er irgendwann einen Herzinfarkt erleiden könnte, wenn er weiter so viel arbeitete. Er schlief zu wenig, gönnte sich kaum Pausen, aß zu schnell.

Meine Generation hat gesehen, was herauskommt, wenn der Beruf das Privatleben dominiert: abwesende Väter, Scheidungen, ein Herzinfarkt mit 50. Das hat uns abgeschreckt. Wir leiden an einem »Hilfe, mein Vater ist Workaholic«-Syndrom. Wir sind überzeugt davon, dass sich Arbeit, Familie und Freizeit auch anders organisieren lassen, als es unsere Eltern getan haben. Wir wollen nicht leben, um zu arbeiten, wir wollen arbeiten *und* leben. Wir sind Vereinbarer, die alles möchten, und am liebsten alles auf einmal: Beruf plus Freude plus Sinn. Karriere *und* Familie – und zwar für beide Partner.

Eines steht für meine Generation fest: Auf Familie wollen wir wegen des Jobs nicht verzichten. In der letzten Shell-Jugendstudie gaben 76 Prozent der befragten Jugendlichen und jungen Erwachsenen an, dass man eine Familie braucht, um wirklich glücklich zu leben. Ein Wert, der in den vergangenen Jahren stetig gestiegen ist. 69 Prozent möchten selbst einmal eine Familie gründen. Und bei der Frage, was sie unter Wohlstand verstehen, denken mehr junge

Menschen in Deutschland an »Familie haben« als an »Geld für einen längeren Urlaub«. In einer Welt, die von Unsicherheit geprägt ist, wird die Familie ein Ort der Sicherheit. Sie bietet Beständigkeit in einer sich schnell wandelnden Welt. Wenn es um Familie geht, sind wir Traditionalisten, konservativer noch als unsere Eltern.

Vor allem die jungen Väter wollen heute nicht mehr nur Ernährer sein, sondern auch Erzieher. In einer Umfrage der Väter gGmbH unter 1000 Kleinkind-Vätern gaben 90 Prozent der Befragten an, sich in ihrer Vaterrolle von früheren Vätergenerationen zu unterscheiden. Die Väter möchten heute anwesende Väter sein. Sie nehmen an Geburtsvorbereitungskursen teil, begleiten ihre Frauen in den Kreißsaal, schneiden nach der Geburt die Nabelschnur durch. Später gehen sie mit ihren Neugeborenen zum Babyschwimmen. Immer mehr Väter nehmen auch Elternzeit. Das Elterngeld gibt es seit 2007, es wird 14 Monate lang gezahlt, wenn jeder Elternteil mindestens zwei Monate im Job aussetzt. Noch nie seit seiner Einführung haben mehr Väter Elternzeit genommen: Mehr als jeder vierte hat sie zuletzt genutzt.

Doch eines fällt auf: Während Frauen im Schnitt 11,6 Monate Elternzeit nehmen, setzen Männer nur 3,2 Monate aus. Die meisten bleiben sogar nur zwei Monate zu Hause, also genau die gesetzliche Mindestzeit. Manche wissen es schlicht nicht besser. Die Väterstudie zeigte, dass rund einem Drittel aller Kleinkind-Väter gar nicht klar war, dass sie mehr als zwei Monate Elternzeit hätten nehmen können. Doch manchmal verhindern auch die Mütter mehr Väterzeit. Zwei von drei Vätern, die in Elternzeit gehen, setzen lediglich zwei Monate aus, weil ihre Partnerinnen unbedingt zwölf Monate beim Kind bleiben wollen und es nur für zwei weitere Monate Elterngeld gibt.

Das passt zu einer anderen Beobachtung: Nach der Geburt des ersten Kindes schleicht sich bei vielen Paaren das traditionelle Modell ein. Wissenschaftler sprechen von einer Retraditionalisierung der Beziehungen. In Deutschland gingen Männer und Frauen als modernes Paar in den Kreißsaal hinein und kämen als 50er-Jahre-Paar wieder heraus, zitierte die *Zeit* einmal Jakob Hein, den Schriftsteller und ehemaligen Väterbeauftragten der Charité in Berlin. Der Vater arbeitet weiter in Vollzeit, die Mutter bleibt zu Hause, auch wenn sie gleich gut ausgebildet ist und ähnliche Karrierechancen hat. Oder sie arbeitet allenfalls in Teilzeit weiter. Oft rechnet es sich für Frauen nicht, mehr als einen Minijob anzunehmen.

Doch trotz dieser Retraditionalisierung organisiert meine Generation Familie heute anders als unsere Eltern. Der Wandel in den Einstellungen wird besonders bei den jungen Vätern sichtbar. Die Väterstudie zeigt, dass sie nicht nur Versorger, sondern auch Vertrauensperson, Spielkamerad und Erzieher für ihre Kinder sein wollen. 51 Prozent der Befragten können sich vorstellen, Gehaltseinbußen hinzunehmen, um mehr Zeit für ihre Kinder zu haben, 56 Prozent würden hierfür ihre Karriereziele wenigstens eine Zeit lang zurückstellen. Die Väter von heute wollen keine Wochenend-Papis sein. 92 Prozent sagten, dass ihnen »Zeit für die Familie auch in der Woche« sehr wichtig sei. Dafür übernehmen sie auch weniger beliebte Aufgaben. 87 Prozent der Väter wechseln Windeln.

Auch Ingo Kucz ist ein Windelwechsler. Er hat eine vierjährige Tochter und einen einjährigen Sohn. Wenn er von seiner Tochter spricht, dann erzählt er Details, die er nur kennen kann, weil er viel Zeit mit ihr verbringt. Kucz weiß zum Beispiel, dass seine Tochter nur mit einem Kirschkernkissen auf dem Bauch einschlafen kann, dass sie »obwohl« meint, wenn sie »ob« sagt. Er kennt ihr derzeitiges Lieblingslied: »Cowboy Bill«. Und den Namen ihrer Kindergartenliebe: Simon. Ingo Kucz, 33, ist das alles wichtig. Dabei ist er kein Kindergärtner, Pädagoge oder Arzt. Kucz arbeitet in der Konzernstrategie der Deutschen Bahn, seine Abteilung ist so etwas wie das ausgelagerte Gehirn des Firmenchefs Rüdiger Grube. Von Montag bis Freitag beschäftigt sich Kucz mit Zukunftstrends, den großen

Fragen von morgen. Wie werden wir uns künftig fortbewegen? Was kommt nach dem Öl? Am Samstag baut er im Kindergarten ein neues Klettergerüst auf.

Morgens vor der Arbeit bringt Ingo Kucz seine Tochter in den Kindergarten und ihren Bruder zur Tagesmutter. Seine Partnerin, eine Sonderschullehrerin, ist da schon bei der Arbeit. Danach fährt Kucz ins Büro. Wenn es die Termine zulassen, geht er nachmittags um fünf Uhr heim: Er will mit seinen Kindern noch zwei Stunden spielen, sie baden, ihnen vorlesen, bevor er sie ins Bett bringt. Erst danach setzt er sich noch mal an den Schreibtisch. Ingo Kucz arbeitet Vollzeit, etwa 40 Stunden die Woche, manchmal mehr. »Wenn ich bei der Deutschen Bahn nicht so flexibel arbeiten könnte«, sagt er, »würde ich mir einen anderen Job suchen.«

Sind die Kinder einmal krank, arbeitet er von zu Hause, so gut es eben geht. Kucz besucht die Elternabende im Kindergarten, und wenn die Erzieher Teamsitzung haben, nimmt er sich auch mal einen halben Tag frei, um mit den Kleinen zum Schwimmen zu fahren. Nicht dass Kucz keine Lust auf Karriere hätte, er hat nebenbei sogar noch seine Doktorarbeit geschrieben. »Ich bin bloß nicht bereit, für Job und Status alles zu opfern.«

Bevor Kucz zur Bahn kam, arbeitete er in einem großen Industriekonzern. Die Bezahlung war gut, aber die Kultur passte ihm nicht. Es gab viele Hierarchien und wenige Freiräume. Von seinen Kollegen hörte er den Satz: »Gehalt ist bei uns Schmerzensgeld.« Kucz wollte nicht länger für etwas entschädigt werden, was ihm Spaß machen sollte, und kündigte. Jetzt arbeitet er in einem jungen Team, die Hälfte davon sind Frauen, alle duzen sich. Seine Chefin hat selbst drei kleine Kinder. Sie hat Verständnis, wenn Kucz früher nach Hause muss, weil die Kinder krank sind. Oder wenn er morgens anruft und sagt, dass er heute zu Hause arbeitet.

Ingo Kucz hat Glück mit seiner Chefin. Andere müssen sich für Zeit, die sie mit der Familie verbringen, rechtfertigen. Ein Bekannter von mir arbeitet beim Radio. Er und seine Frau, eine erfolgreiche Juristin, teilen sich die Erziehung ihres kleinen Sohnes. Mein Bekannter schraubte seine Arbeitszeit herunter und hat nun einen Tag in der Woche frei, an dem er sich um den Kleinen kümmert. Als er seinen Chef um einen Teilzeitvertrag bat, musste er sich anhören: »Sie machen jetzt also auf Familie, das ist vollkommen in Ordnung, Familie ist ja auch wichtig.« Was er meinte, war: »Sie wissen schon, dass Sie hier so schnell nichts mehr werden.« Seit er Teilzeit arbeitet, wird der talentierte Reporter nicht mehr auf die begehrten Einsätze ins Ausland geschickt, und wenn sein Chef ihm auf dem Flur begegnet, sagt er: »Da ist ja der Familienvater!«

Unsere Nachbarn sind da längst weiter. Die Niederländer haben sogar einen Namen für den Tag, an dem Papa nicht zur Arbeit geht: *papadag*. Mehr als ein Drittel der männlichen Beschäftigten bleiben einen Tag in der Woche zu Hause – manche verteilen die Arbeit auf vier lange Arbeitstage oder holen die Arbeit am Wochenende nach. Jeder vierte erwerbstätige Mann aber hat einen Teilzeitvertrag. Chefs in den Niederlanden fragen Bewerber, ob sie lieber vier oder fünf Tage arbeiten möchten, und wer sich für vier entscheidet, wird nicht schief angeschaut. Nur beklagen sich die Mütter augenzwinkernd, dass die Väter am *papadag* zwar zu Hause sind, die Hausarbeit aber trotzdem liegen bleibt.

In Deutschland sind Männer in Teilzeit noch eine Seltenheit. Fast die Hälfte der erwerbstätigen Frauen arbeiten weniger als 32 Stunden pro Woche, aber nicht einmal zehn Prozent aller Männer. Deutschland ist Vollzeitland. Zumindest bei den Männern. Und erst recht bei den Chefs. Dabei könnten gerade sie dafür sorgen, dass Teilzeitarbeit aufgewertet wird, und Jüngeren ein Vorbild sein, wie sich Führungsaufgabe und Vaterschaft vereinbaren lassen. Doch laut einer Studie des Wissenschaftszentrums Berlin (WZB) hat nur etwa jeder hundertste männliche Manager in Deutschland einen Teilzeitvertrag von 30 oder weniger Stunden.

Es ist keine Frage des Wollens. Studien belegen, dass gerade Führungskräfte gerne flexibler wären, viele wünschen sich weniger Arbeit. Und sie haben sogar Anspruch darauf: Seit 2001 gibt es in Deutschland ein Recht auf Teilzeit, es ist festgeschrieben im Teilzeit- und Befristungsgesetz. Es wurden auch Teilzeitmodelle eigens für Führungskräfte geschaffen, sie heißen Topsharing und Tandem-Führung. Doch kaum ein Chef nutzt sie. Warum? Weil die Manager Angst haben, dass eine Teilzeitstelle ihrer Karriere schaden könnte. In vielen Unternehmen herrscht immer noch eine Präsenzkultur. Gerade vom Chef erwartet man, dass er ständig verfügbar ist, auch wenn er nur herumsitzt. Hauptsache, er ist anwesend.

Dabei belegt eine ganze Bandbreite von Studien, dass der Mensch produktiver ist, wenn er weniger arbeitet und regelmäßige Pausen einlegt. Ich würde behaupten, dass ein Unternehmen mit lauter Teilzeitkräften unterm Strich besser fährt als mit Mitarbeitern in Vollzeit. Beschäftigte wie mein Bekannter vom Radio schaffen in vier Tagen häufig genauso viel wie andere in fünf und verdienen dabei weniger.

Und auch die Gesellschaft würde profitieren. Gewiss, nicht jeder Job lässt sich in eine Teilzeitstelle umwandeln. Viele Beschäftigte wollen ihre Arbeitszeit auch gar nicht verkürzen oder können es schlicht nicht, weil sie auf das volle Gehalt angewiesen sind. Teilzeit muss man sich leisten können. Doch wenn die Arbeit in Deutschland insgesamt besser verteilt wäre, hätte das Vorteile für die ganze Gesellschaft: Denn wenn viele weniger arbeiten, gibt es – rein rechnerisch – mehr Jobs und mehr Menschen in Beschäftigung. Wird die Arbeit auf mehr Schultern verteilt, würde der Einzelne auch weniger stark belastet. Die Zahl der Burn-out-Fälle könnte sinken.

Und schließlich: Wenn Papi nicht Vollzeit arbeitet und Mami nur einen Minijob hat, wenn stattdessen beide Partner jeweils – sagen wir – vier Tage die Woche arbeiten, dann lindert das später auch die Altersarmut. Die droht vor allem Frauen, die wenig oder gar nichts in die Rentenkasse eingezahlt haben. Und schließlich: Wenn beide

Partner zum Einkommen beitragen, nimmt das auch den Druck von den Vätern, die Familie ganz allein versorgen zu müssen.

Meine Generation ist die erste, die wirklich gleichberechtigt aufgewachsen ist. Frauen dürfen heute das Gleiche wie Männer: Fußballspielen, zur Bundeswehr gehen, erwerbstätig sein (bis 1977 brauchten sie dafür noch die schriftliche Zustimmung ihres Gatten). Junge Männer können bügeln und junge Frauen dank IKEA-Anleitung einen Schrank aufbauen.

Meine Generation überträgt das, was sie im Privaten lebt, in die Arbeitswelt – das ist zumindest meine Hoffnung. Wenn Männer heute nicht mehr nur die Ernährer sein wollen, können Mütter nach der Geburt schneller zurück in den Beruf. Immer mehr Frauen sind inzwischen berufstätig, und sie sind immer besser ausgebildet. Zwar verdienen sie gerade in Deutschland im Schnitt noch deutlich weniger als Männer, doch sie holen auf. Ich kenne etliche Paare, bei denen sie deutlich mehr verdient als er, was nach rein ökonomischer Betrachtung mittelfristig dazu führt, dass Männer zu Hause mehr Verantwortung übernehmen.

Vielleicht sind *First Husbands*, wie sie meine Kollegin Elisabeth Niejahr im *Zeit Magazin* so wunderbar porträtiert hat, bald keine Seltenheit mehr. Gemeint sind Ehemänner, die mit Spitzenpolitikerinnen verheiratet sind. Da ist zum Beispiel Wolfgang Zeitlmann. Er war selbst 20 Jahre lang Bundestagsabgeordneter und Innenpolitiker der CSU. Heute ist er im Ruhestand und hält seiner Frau, der CSU-Landesgruppenchefin Gerda Hasselfeldt, den Rücken frei. Niejahr beschreibt, wie Zeitlmann seiner Frau jeden Morgen das Frühstück macht, er putzt, kocht und kauft ihr Kleidung. Kräftige Farben, findet er, stehen ihr am besten. Wenn er seine Frau, die die CSU als erste Frau in einen Bundestagswahlkampf führte, nach Berlin begleitet, stöbert er in Geschäften für Damenkleidung oder Antiquitäten. Zeitlmann ist noch ein Exot, aber er ist längst nicht der einzige.

Auch in der Wirtschaft gibt es *First Husbands,* wenn sie auch öffentlich kaum in Erscheinung treten. Viele Managerinnen, mit denen ich mich in den vergangenen Jahren unterhalten habe, sagten immer wieder dasselbe: Ohne die Unterstützung ihres Mannes wäre ihre Karriere nicht möglich gewesen. Die Vorstandsfrau eines Dax-Konzerns meinte gar: Die wichtigste Entscheidung ihrer Karriere war die Wahl ihres Partners. Es scheint auch umgekehrt zu gelten, dass hinter jeder erfolgreichen Frau ein starker Mann steht.

Meine Generation will Familie, Beruf und Freizeit besser vereinbaren als unsere Eltern. Das führt dazu, dass wir dem Job nicht mehr alles unterordnen. Wir wollen nicht arbeiten, bis wir umfallen. Wir haushalten mit unseren Kräften. Denn wir wissen, dass wir in der Arbeitswelt noch sehr lange durchhalten müssen. Die Regierung hat alles getan, um unsere Lebensarbeitszeit zu verlängern. Unsere Schulzeit wurde um ein Jahr verkürzt, unsere Studiengänge wurden gestrafft, Wehr- und Zivildienst gestrichen, das Rentenalter wurde um zwei Jahre angehoben – alles, um dafür zu sorgen, dass wir schneller auf den Arbeitsmarkt kommen und länger in die Steuer- und Sozialkassen einzahlen.

Meine Generation weiß, dass sie noch 40 Jahre oder länger im Job überstehen muss. Deshalb streben wir nach »sanften Karrieren«. Wir wollen nicht 40 Jahre lang am Anschlag arbeiten und dann ausgebrannt in Kur fahren müssen. Gewiss, wir stellen dem Job auch mal ein paar Jahre alles hintan, aber dann muss es auch wieder Zeiten geben, in denen wir uns mehr aufs Private konzentrieren – wenn wir eine Familie gründen oder uns um einen kranken Angehörigen kümmern. Unsere Karrieren gleiten in Wellen dahin: Auf Phasen, in denen wir uns voll auf den Beruf konzentrieren, folgen Phasen, in denen wir andere Schwerpunkte setzen. Manchmal fahren wir auch weg, sehr weit weg.

Auf meinen Reisen durch Zentralamerika und Asien habe ich viele junge Leute getroffen, die gerade eine Auszeit nahmen. Es waren keine Aussteiger, die arbeitsflüchtig durch die Länder dieser Welt streiften. Im Gegenteil: Es waren Menschen, die zu Hause anspruchsvolle Jobs hatten und beruflich erfolgreich waren. Da war der belesene US-Marineoffizier, der sechs Monate mit einem kleinen Rucksack um die Welt reiste, bevor er sein MBA-Studium an der noblen Harvard Business School aufnehmen wollte. Die angehende Ärztin aus Schweden, die in einem guatemaltekischen Kinderkrankenhaus voluntierte, bevor sie zu Hause ihre Facharztprüfung ablegen würde. Der englische Programmierer, der in einem buddhistischen Kloster in Kambodscha Englisch unterrichtete, bevor er als Projektmanager zu einem IT-Konzern wechselte. Oder die Grafikerin aus München, die ihren Job gekündigt hatte und ein paar Wochen in einem Aschram meditierte, um herauszufinden, wie es beruflich für sie weitergehen sollte.

Meine Generation nutzt Auszeiten, um Kraft zu tanken und sich neu zu orientieren. Viele von uns folgen keinem Karriere-Masterplan. Wir möchten nicht erst am Ziel, sondern schon auf dem Weg dorthin glücklich sein. Viele unserer Väter wollten auf dem schnellsten Weg nach oben kommen. Am Gipfel waren sie dann häufig so erschöpft, dass sie die Aussicht nicht mehr genießen konnten. Das leuchtet meiner Generation nicht ein. Wir legen lieber unterwegs mal eine Verschnaufpause ein und genießen die Aussicht nicht erst am Gipfel. Vielleicht kommen wir später ans Ziel, aber wir fallen oben nicht um. Wir sind nicht bereit, jahrzehntelang zu buckeln, um dann festzustellen, dass wir all die Jahre nicht gelebt oder drei Burn-outs hinter uns haben. Wir wollen gesund bleiben.

Wahr ist aber auch: Viele von uns wollen überhaupt nicht mehr ganz nach oben. Das spürt man vor allem dort, wo Hierarchien noch eine große Rolle spielen, zum Beispiel in den Anwaltsbüros. Früher fingen die besten Junganwälte in einer Großkanzlei an und arbeiteten auf den Partnerstatus hin – zehn, 15 Jahre lang. Dazu gehörte die Bereitschaft, sich aufzuopfern. Heute will längst nicht mehr jeder Einsteiger Partner werden. Man merkt es auch in den Krankenhäusern, wo viele junge Ärzte den Chefarztposten gar nicht erst anstreben; ja selbst an Schulen, wo es zunehmend schwierig wird, die Stelle des Rektors zu besetzen.

Nein, wir müssen nicht unbedingt Chef werden. Viele von uns wollen es gar nicht, wie Studien belegen: Die Personalberatung Odgers Berndtson etwa hat herausgefunden, dass Manager, die 32 Jahre oder jünger sind, deutlich weniger gerne führen als ältere Managergenerationen. Und wenn sie führen, dann nicht um des Führens willen. Wichtiger sind ihnen die Arbeitsinhalte und die Möglichkeit, ihre persönlichen Stärken zu entfalten.

Woran das liegt? Ich glaube, dass es mehrere Gründe sind. Zum einen fragen wir uns, warum wir für die vage Aussicht, in zehn Jahren vielleicht einmal Chef zu werden, jahrelang alles ertragen sollen? Dafür ist uns unser Leben zu schade. Außerdem haben viele von uns keine Lust auf die politischen Spielchen und taktischen Manöver, die in Führungsetagen häufig nötig sind, um nach oben zu kommen und sich an der Spitze zu halten. Wir wollen der Sache dienen, nicht der Macht.

Und schließlich ist man als Manager mit allem Möglichen beschäftigt, nur nicht mehr mit seinen ursprünglichen Aufgaben. Statt Fachdiskussionen führt man nun Gehaltsgespräche. Statt sich in eine Materie zu vertiefen, sitzt man in Meetings herum. Das sagt vielen in meiner Generation nicht zu. Je mehr sie sich reinhängen, je höher sie in der Hierarchie steigen, desto größer werden auch ihre Verantwortung, der Druck und der Preis, den sie für den Erfolg bezahlen. Das ist wie bei einem Würstchen-Wettessen, bei dem der Preis, den es zu gewinnen gibt, noch mehr Würstchen sind.

Deshalb streben viele junge Beschäftigte heute eine Fachlaufbahn an. Untergebene? Brauchen sie nicht. Sie wollen lieber selbstbestimmt arbeiten, an der Sache und am Ergebnis orientiert. Einige Unternehmen haben darauf bereits reagiert. Der Automobilzulieferer Bosch etwa bietet seit vielen Jahren eine Fachkarriere an – mit der gleichen inhaltlichen Weiterentwicklung und den gleiche Gehaltsstufen wie bei der Führungslaufbahn. Die Fachleute haben bei wichtigen Entscheidungen sogar ein Vetorecht.

Auch bei Audi können Experten eine Topposition erreichen, ohne Führungsverantwortung zu übernehmen. Das Unternehmen hat dazu sogar eine umfassende Befragung gemacht. Das Ergebnis: Nur 42 Prozent der Audi-Mitarbeiter, die 1980 oder später geboren sind, streben überhaupt noch eine Führungslaufbahn an, ebenfalls 42 Prozent wollen lieber eine Fachlaufbahn einschlagen, und 16 Prozent sehen sich später als Projektleiter. Meine Generation ist bereit, viel zu leisten, aber wir müssen nicht mehr die klassische Konzernkarriere machen. Sie erscheint uns zu starr, zu hierarchisch, zu sehr abhängig von interner Politik. Ein anerkannter Experte auf einem Gebiet zu sein ist vielen wichtiger, als ein Team von 50 Mitarbeitern zu führen.

Wir sind anders motiviert als unsere Eltern. Harte Prinzipien wie Gehalt, Macht und Status treiben uns viel weniger an als die Aussicht auf eine Arbeit, die Freude macht und einen Sinn stiftet. Der Job ist für uns mehr als ein Job, er ist Ausdruck der eigenen Identität, eine Form von Selbstverwirklichung.

Geld ist uns wichtig, aber Geld ist nicht alles. Wenn man meine Generation fragt, ob wir mehr Geld oder mehr Zeit wollen, sagen wir meistens: mehr Zeit. Herr über seine Zeit zu sein – das ist unser Statussymbol.

07 / BABYBOOMER, GENERATION X UND WIR

Es gibt kaum ein Unternehmen, in dem meine Generation allein unter sich ist, außer vielleicht bei Google oder einem Start-up für MMORPGs. Warum? Weil unsere Eltern gar nicht wissen, was MMORPGs sind. Das steht für *Massively Multiplayer Online Role-Playing Games* und meint Computer-Rollenspiele, bei denen Tausende Spieler ihre Avatare mit- oder gegeneinander kämpfen lassen. In den meisten Unternehmen trifft meine Generation auf die Generation X, die zwischen 1965 und 1979 zur Welt kam, und auf die Babyboomer, die zwischen 1946 und 1964 geboren wurden. Mancherorts begegnen wir sogar noch Veteranen, die vor 1946 das Licht der Welt erblickten. Die Veteranen haben zwar längst das Ruhestandsalter erreicht, sind aber mancherorts noch zugegen (zum Beispiel auf den Redaktionsfluren der *Zeit*).

Nie zuvor haben in Deutschland so viele Generationen unter einem Firmendach zusammengearbeitet wie heute. Zwischen dem Geburtsdatum des ältesten und des jüngsten Mitarbeiters liegen in hiesigen Unternehmen nicht selten 50 Jahre, ein halbes Jahrhundert, manchmal sogar mehr. Und die Spanne wird noch größer, weil die Älteren später in Ruhestand gehen und die Jüngeren dank Turbo-

Abi, abgeschafftem Wehrdienst und gerafftem Studium früher ins Berufsleben starten.

Wer also sind die Generationen, die sich in Deutschland ein Büro teilen? Wie ticken sie, was zeichnet sie aus? Und wo können Konflikte entstehen?

Natürlich gilt auch hier, dass jeder Versuch, eine Generation einzuordnen, unzulänglich ist. Schublade auf, Leute rein, Schublade zu: So einfach funktioniert das nicht. Jede Alterskohorte besteht aus Individuen, die so unterschiedlich sind, dass selbst die größte Schublade zu klein ist, um sie darin zu verstauen. Doch es sollen hier ja keine abschließenden Generationenporträts entstehen. Es geht lediglich um einen Eindruck, der helfen soll, Konflikte zwischen den Altersgruppen besser zu verstehen.

Die Veteranen

Die Veteranen sind vor Kriegsende geboren und deshalb in der Arbeitswelt nicht mehr so häufig anzutreffen. Die, die noch da sind, halten sich aber hartnäckig, bevorzugt an der Spitze von Familienunternehmen oder in Aufsichtsräten, in Positionen also, in denen sie viel ausrichten können. Deshalb lohnt sich ein Blick auf die Werte und Prägungen dieser Generation.

Die Veteranen sind groß geworden in einer Zeit, die von Trauma und Entbehrung gezeichnet war. Sie sind Trümmermenschen, die das Land nach dem Krieg wiederaufgebaut haben. Sie haben gelernt, mit wenig auszukommen, bis heute hassen sie Verschwendung, was man zum Beispiel daran sieht, dass sie selbst ein Butterbrotpapier mehrfach benutzen. Meine Großmutter hortete zeitlebens riesige Konservenvorräte, weil sie selbst in Zeiten des Hyperkonsums noch die Knappheit fürchtete. Und wenn ich als Kind meinen Teller nicht leer essen wollte, sagte sie: »Du hast noch keinen Krieg mitgemacht.«

Im Beruf zeichnen sich Veteranen durch eine hohe Opferbereitschaft aus. Man sagt ihnen preußische Disziplin und ein protestantisches Arbeitsethos nach. Pflichtbewusstsein steht auf der Liste ihrer Tugenden ganz oben. Ihr Motto, das sie zum Lebensgrundsatz erhoben haben, lautet: Erst die Arbeit, dann das Vergnügen – wenn sie nach einem langen Arbeitstag dafür nicht zu müde sind. Im Beruf gelten sie als extrem verlässlich. Sie respektieren Hierarchie und Autoritäten. Sie stellen nicht alles infrage. Sie tun, was von ihnen verlangt wird, und erwarten hinterher nicht, dass man ihnen einen Tapferkeitsorden verleiht. Die Veteranen sind bescheiden, bis zur Ergebenheit treu, und halten sich selbst nicht für den Mittelpunkt des Universums, kurz: Sie sind das komplette Gegenteil von meiner Generation. Vielleicht mögen wir sie deshalb so gerne. Wenn wir einer Generation vertrauen, dann den Veteranen. Sie sind wie unsere Großeltern, moralische Instanzen.

Helmut Schmidt ist der Vorzeige-Veteran für meine Generation. Dabei zählt er eigentlich gar nicht zu den Veteranen, die beginnen streng genommen erst mit den Geburtsjahrgängen ab 1928, Schmidt ist Jahrgang 1918. Er ist der älteste Veteran Deutschlands – und der beliebteste. Als die Wirtschaftsprüfer von Ernst & Young Absolventen verschiedener Fachrichtungen neulich nach ihren politischen Führungsikonen fragten, wählten sie Helmut Schmidt auf den dritten Platz, noch vor dem Dalai Lama, übertroffen nur von Barack Obama und Angela Merkel. Der Unterschied: Während Obama und Merkel zwei der mächtigsten Ämter der Welt innehaben, ist Schmidt seit fast 30 Jahren außer Dienst.

Aufgehört zu arbeiten hat er deshalb nie. Ich bin stolz darauf, für eine Zeitung zu arbeiten, die von Helmut Schmidt herausgegeben wird. Das Büro des Ex-Kanzlers liegt am Ende des Flurs, auf dem ich mein Arbeitszimmer habe. Schmidt ist auch mit 95 Jahren noch häufig in der Redaktion, jeden Freitag besucht er die Konferenz des Politikressorts. Da ist er eisern. Journalist würde sich

Helmut Schmidt dennoch nie nennen. Das ginge schon deshalb nicht, spottete er einmal, weil er sich das Arbeiten nicht abgewöhnen könne.

Die Babyboomer

Die Babyboomer sind die Generation unserer Eltern, mit ihnen geraten wir in den Unternehmen am stärksten aneinander. In den USA sind sie zwischen 1946 und 1964 geboren. In Deutschland setzte der Babyboom nicht gleich nach dem Krieg ein, sondern erst ein paar Jahre später, dafür dauerte er dann länger. Deutsche Babyboomer kamen zwischen 1955 und 1969 zur Welt. Nie zuvor und nie danach wurden in Deutschland so viele Kinder geboren. Sie sind nicht nur die größte, sie sind auch die mächtigste Altersgruppe aller Zeiten. Sie sitzen an den Schaltstellen des Landes, und in der Wirtschaft hocken sie auf den Chefsesseln. Sie bestimmen, wo es langgeht in den Unternehmen.

Als die Babyboomer geboren wurden, erlebte Deutschland gerade sein Wirtschaftswunder. Es ging bergauf, jedes Jahr ein bisschen weiter nach oben. Die Deutschen kauften Mixer, Waschmaschinen, Fernsehapparate und machten zum ersten Mal Urlaub in Italien. Niemals entstanden in der Bundesrepublik so viele Einfamilienhäuser, nie wurden mehr Autos angeschafft wie in der Zeit, als die Babyboomer erwachsen wurden. In den langen Jahren des Aufschwungs haben sie einen unbändigen Glauben an die Zukunft entwickelt. Sie konnten sicher sein, dass es ihnen einmal besser gehen würde als ihren Eltern.

Doch die Boomer mussten auch kämpfen. Wo sie hinkamen, waren andere schon da. Überall waren sie unter vielen. Sie haben früh gelernt, sich durchzusetzen – gegen ihre Mitschüler, gegen Konkurrenten, die um dasselbe Mädchen buhlten, gegen Dutzende Bewerber, die sich um denselben Job bewarben. Auf dem Arbeitsmarkt gab es mehr Anwärter als freie Stellen. Deshalb versuchten die Boomer andere zu übertrumpfen. Wer weiterkommen wollte, musste besser sein als seine Mitstreiter, er musste länger und härter arbeiten.

Diese Leistungskultur haben die Boomer verinnerlicht. Viele kommen heute noch früh zur Arbeit, bleiben lang, opfern das Wochenende und erwarten von anderen, dass sie das Gleiche tun. Die Einheit, nach der sie Leistung bemessen, sind die gearbeiteten Wochenstunden – und es zählen nur die sichtbaren, also die im Büro abgesessenen. Präsenzpflicht ist für sie kein Ausdruck von Gängelung, sondern eine Chance, ihren Arbeitseifer unter Beweis zu stellen.

Wollten manche frühen Boomer 1968 noch langhaarig und kiffend die Welt verbessern, haben sich die meisten später im Job gut angepasst. Sie sind der Aufstiegslogik gefolgt, wonach man klein anfängt und Schritt für Schritt die Karriereleiter erklimmt, ohne eine Sprosse auszulassen. Sie sind so engagiert nach oben geklettert, dass sie bald dort angekommen waren, wo sie eigentlich nie hinwollten: im Establishment. Mit dem Alter stieg das Gehalt, wurden die Insignien der Macht größer: größerer Dienstwagen, größeres Büro, mehr Titel auf der Visitenkarte. Größer war besser.

Wer sich fragt, wer heute noch goldene Manschettenknöpfe und monogrammbestickte Hemden trägt, sieht sie am ehesten an Babyboomern. Sie scheinen auch Gefallen daran zu finden, mit Kollegen Uhrenmodelle und den Flugmeilenstatus zu vergleichen – etwas, wofür meine Generation wenig übrig hat (mit Ausnahme einiger Investmentbanker und Unternehmensberater unter uns).

Der Karriere haben die Babyboomer Ehen, Freundschaften und nie gebaute Sandburgen auf dem Kinderspielplatz geopfert. Status bedeutet ihnen auch deshalb viel, weil sie so hart dafür gearbeitet haben: mein Haus, mein Auto, mein Sylt-Urlaub. Heute im Alter versucht mancher Babyboomer, entgangene Freizeit durch kostspieligen Konsum zu kompensieren. Er kauft teuren Rotwein (und kippt ihn dann in die Bratensoße), fliegt zum Heliskiing nach Kanada, stellt sich einen Sportwagen in die Garage, obwohl dort schon zwei Autos parken. Er kann es sich leisten und will sich für die harte Arbeit und die vielen Entbehrungen belohnen.

Die Generation X

Auf die Boomer folgt die Generation X, die Ende der 1960er- und in den 1970er-Jahren zur Welt kam. Sie hat den wohl schlechtesten aller Deals in der Arbeitswelt geschlossen. Die Xer sind die Sandwich-Generation, eingequetscht zwischen übermächtigen Babyboomern, die nicht weichen wollen, und der Generation Y, die ihnen nicht den Vortritt lassen will, nur weil die Xer schon länger dabei sind. Der US-Autor Jason Ryan Dorsey beschreibt das in seinem Buch *Y-Size Your Business* so: »Sie warten und warten und warten darauf, in ihrer Organisation endlich aufzusteigen, doch die Boomer weigern sich zu gehen. Die Generation X schaut die Unternehmensleiter nach oben und denkt sich: ›Würdest du endlich in Rente gehen oder wenigstens schneller tippen?‹« Während die Generation X in der Warteschleife hängt, kommt ihr langsam die Perspektive abhanden. Und so kümmert es viele Xer nicht einmal, wenn die Ypsiloner sie von unten überholen.

Die Generation X ist hineingeboren in eine Zeit, in der sich die Gesellschaft gerade vom Kollektivismus zum Individualismus wandelte. Der Einzelne, nicht die Gruppe, stand von nun an im Vordergrund. Und gerade in der Zeit, als die Generation X erwachsen wurde, brach die Ära der Globalisierung an. Eine stabile Industriegesellschaft wandelte sich zu einer globalisierten Informationsgesellschaft. Die Welt wuchs zusammen, der Puls der Zeit beschleunigte sich. Neue Technologien lösten die alten in immer kürzeren Abständen ab. Alles war im Wandel, nur der Arbeitsmarkt stagnierte. Die ersten Arbeitstage der Xer waren auch die ersten Tage des

Downsizing. Und während sich die älteren Beschäftigten an ihren Schreibtisch klammerten und hofften, dass die Kündigungswelle sie verschonte, zuckten die Xer nur mit den Schultern. Sie hatten schon damals keine hohen Erwartungen an die Berufswelt.

Die Generation X gilt als orientierungslos, hedonistisch und hat auf ziemlich vieles keinen Bock. Florian Illies, der ihr mit seinem Bestseller *Generation Golf* ein Denkmal setzte, beschrieb sie als mehrheitlich unkritische und konsumorientierte Egoisten, die sich nicht für Politik interessierten und eigentlich nur den Wohlstand, den ihre Elterngeneration erarbeitet hatte, genießen wollten. Sie machten sich mehr Gedanken über ihre Adidas-Turnschuhe und Benetton-Pullover als darüber, was morgen oder die weiter reichende Zukunft bringen mochte. Die Xer haben sich in einer unsicheren Welt ganz gut eingerichtet. Sie sind schwer für etwas zu begeistern, das nicht ihren eigenen materiellen Interessen dient. Doch das Gute an dieser Generation: Weil sie von vornherein wenig erwartet, ist sie auch schwer zu enttäuschen.

Generation Y

Meine Generation wurde weiter vorne in diesem Buch hinlänglich beschrieben, deshalb genügt hier eine kurze Zusammenfassung: Wir sind verwöhnt, aber nicht so abgestumpft wie die Generation X. Wir sind ehrgeizig, aber nicht so verbissen wie die Babyboomer. Wir sind Deutschlands selbstbewussteste Generation – gut vernetzt und bestens informiert. Wir wissen, was wir wollen: eine Arbeit, die Spaß macht und einen Sinn stiftet. Wenn das, was der Chef sagt, uns nicht einleuchtet, hinterfragen wir es. Autoritäten akzeptieren wir nur, wenn sie inhaltlich überzeugen. Wir wollen nicht mehr unbedingt Chef sein, aber trotzdem früh Verantwortung übernehmen und mitreden dürfen. Wir fordern mehr Freiräume bei der Arbeit und regelmäßiges Feedback.

Wir wollen nach Leistung belohnt werden und nicht nach den geleisteten Arbeitsstunden. Wir wünschen uns Manager, die sich als Coach oder Mentor verstehen. Wir folgen Vorgesetzten, die überzeugen statt befehlen. Von unseren Arbeitgebern erwarten wir genauso viel Aufmerksamkeit und Fürsorge, wie wir es von unseren Eltern gewöhnt sind. Wenn sich unsere Erwartungen im Job nicht erfüllen, sind wir schnell wieder weg. Aber vorher möchten wir bitte noch befördert werden!

Ältere Arbeitnehmer halten uns für verwöhnt, illoyal und undankbar. Für dieses Buch habe ich mit vielen Managern, Personalberatern und Wissenschaftlern gesprochen, und immer wieder sind mir die gleichen Vorwürfe begegnet. Ein Boomer-Manager erzählte: »Als ich hier als Azubi anfing und mein Vorgesetzter etwas von mir wollte, dann habe ich das gemacht, egal, was es war. Wenn ich den Boden wischen sollte, habe ich den Boden gewischt, wenn ich den Müll raustragen sollte, habe ich den Müll rausgetragen. Ich habe keine Fragen gestellt, und mein Chef musste mir nicht erklären, welchen übergeordneten Sinn das Ganze hatte. Ich habe den Job einfach erledigt, und hinterher gab es dafür keinen Preis. Ein Lob war, wenn niemand sich beschwerte. Ich war einfach froh, diesen Job zu haben. Heute hingegen möchten die Jungen immer genau wissen, warum sie etwas tun, und sie erwarten ständige Dankbarkeit dafür, dass sie hier arbeiten und Geld verdienen dürfen.«

Der Personalmanager eines Mittelständlers beklagte sich: »Bei uns galt noch die Logik: Du fängst ganz klein an, und wenn du fleißig arbeitest, bekommst du irgendwann die Belohnung. Du wirst befördert, und wenn du noch fleißiger bist, arbeitest du dich langsam nach oben. Das ist mühsam und zäh, aber man kann es schaffen. Die Generation Y ist nicht mehr bereit, unten anzufangen und kleine Aufgaben zu übernehmen, sie will die Belohnung immer sofort. Die Jungen gehen zu ihrem Vorgesetzten und sagen: ›Ich habe jetzt ganze zwei Jahre hier gearbeitet, ich verdiene deinen Job.‹«

Besonders aufschlussreich fand ich, was die Wirtschaftsprofessorin Jutta Rump einmal vor der versammelten Mannschaft eines städtischen Klinikums erlebte. Sie hatte gerade einen Vortrag über die Generation Y und ihre Erwartungen an die Berufswelt gehalten, da meldete sich ein Oberarzt zu Wort: »Jetzt will ich Ihnen mal was sagen«, platzte es aus dem Mann heraus, »als ich Medizin studiert habe, da gab es eine Ärzteschwemme. Meine Assistentenstelle musste ich mir mit zwei anderen teilen, und wir wussten, dass nur der Beste später eine feste Stelle bekommt. Ich habe mich durchgesetzt. Während meiner Facharztausbildung habe ich Dienste geschoben, 36, manchmal 48 Stunden am Stück. Ich wurde Stationsarzt und irgendwann Oberarzt. Meine Kinder habe ich nicht aufwachsen sehen, meine Ehe ist zerbrochen. Ich habe alles der Karriere untergeordnet. Und nun sitzen mir junge Assistenzärzte im Bewerbungsgespräch gegenüber und fragen, wie es denn mit der Work-Life-Balance aussehe. Sie sagen, 36-Stunden-Dienste machten sie nicht, aber man könne über 18 Stunden reden. Was glauben die eigentlich, wer sie sind?!«

Viele Chefs über 50 denken wie dieser Oberarzt, auch wenn nur wenige so offen reden. Sie halten meine Generation für verwöhnte Luxusgeschöpfe, die viel fordern, aber selbst wenig leisten. Gewiss, auch früher haben sich die Älteren über die Jüngeren beklagt. Die Jugend erschien im Rückblick immer schon dümmer, respektloser, einfach verkommener zu sein als Vorgenerationen. Schon Sokrates soll gesagt haben: »Die Jugend liebt heute den Luxus. Sie hat schlechte Manieren, verachtet die Autorität, hat keinen Respekt mehr vor älteren Leuten und diskutiert, wo sie arbeiten sollte. Die Jugend steht nicht mehr auf, wenn Ältere das Zimmer betreten. Sie widerspricht den Eltern und tyrannisiert die Lehrer.«

An dieser Wahrnehmung hat sich bis heute nichts geändert. Auch die Figur von Roger Sterling, Sohn des Mitgründers der Werbeagentur Sterling Cooper, stellt in der US-Kultserie *Mad Men* einmal nüchtern fest: »Vielleicht hält jede Generation die nächste für das Allerletzte.«

Spannungen zwischen Alt und Jung hat es immer schon gegeben. Die Jüngeren werfen den Älteren vor, sie seien umständlich, hierarchieergeben und zukunftsfeindlich, die Alten halten die Jungen für vorlaut, undankbar und vergnügungssüchtig.

Jeder kennt die Situationen, in denen die jüngeren Kollegen entnervt in der IT-Schulung sitzen, weil alle fünf Minuten ein älteres Semester dazwischenruft: »Können Sie das bitte noch mal vormachen? Und langsam, bitte!«, und dann den Ypsiloner neben sich fragt, wo denn bitte die Steuerungstaste sei.

Die Älteren auf der anderen Seite schütteln den Kopf darüber, dass die junge Kollegin eine Mail schreibt, anstatt fünf Schritte ins Nachbarbüro zu machen. Eltern versuchen, die SMS ihrer Kinder mit all den Abkürzungen und Smileys zu entschlüsseln, und fragen: Können die Jungen eigentlich keinen vollständigen Satz mehr formulieren? Und müssen sie jedes Wort kleinschreiben? Es gibt diesen Spruch, dass man einen über 30-Jährigen daran erkennt, dass er jedes Wort ausschreibt. Und einen über 40-Jährigen daran, dass er Kommas setzt.

Irritationen zwischen den Generationen sind nichts Neues. Neu ist aber, dass sich die Macht verschoben hat. Früher kamen die Jungen in ein Unternehmen und wollten dort möglichst bis zur Rente bleiben, also spielten sie nach den Regeln, die die Alten vorgaben. Sie passten sich dem System an oder gingen Konflikten zumindest aus dem Weg. Die Älteren trieben den Jüngeren die Flausen aus.

Das geht heute nicht mehr. Wir lassen uns die Flausen nicht austreiben. Dafür sind wir zu selbstbewusst und nicht so abhängig von einem Job wie frühere Generationen. Wir gehen gar nicht davon aus, lebenslang bei einem Arbeitgeber zu bleiben, also haben wir auch nicht so viel zu verlieren. »Ich stelle mich in euren Dienst und ihr gebt mir eine Jobgarantie« – dieser Pakt wurde schon vor längerer Zeit aufgekündigt – und zwar nicht von uns. Deshalb sind wir eher bereit, unsere Meinung zu sagen, und die Strukturen, die die Älteren geschaffen haben, infrage zu stellen. Wenn es uns nicht passt, dann gehen wir halt. Diese trotzige Drohung schwingt heute mit.

Die neuen Machtverhältnisse stellen Unternehmen vor enorme Herausforderungen, erstmals müssen sie vier Generationen gerecht werden, die ganz unterschiedlich sozialisiert wurden. Das ist kein leichtes Unterfangen, und die Firmen beginnen gerade erst, sich mit der Frage auseinanderzusetzen, wie man verschiedene Generationen eigentlich managt. In den USA haben führende Unternehmen darin längst eine wichtige Führungsaufgabe erkannt, in Business Schools und MBA-Programmen steht generationenübergreifendes Führen auf dem Stundenplan. Doch in hiesigen Unternehmen ist das Thema Generationendiversität gerade erst angekommen. Dabei steckt in ihr großes Potenzial. Eine gute Zusammenarbeit zwischen den Generationen erhöht die Zufriedenheit und Motivation der Beschäftigten. Studien belegen, dass altersgemischte Teams kreativer sind und zudem zu besseren Ergebnissen kommen.

Wenn die *Zeit*-Redaktion im »Großen Konferenzraum« im sechsten Stock des Hamburger Pressehauses Platz nimmt, versammeln sich nicht selten vier Generationen an einem Tisch. Da sitzen dann ehemalige Chefredakteure, die noch vom Krieg erzählen können und Zeugen waren, wie Deutschland geteilt und wiedervereinigt wurde, neben Jungredakteuren, die den Mauerfall nur aus der Geschichtsdoku kennen. Die älteren Kollegen verfassten Manuskripte noch per Hand oder später auf der Schreibmaschine, die jüngeren tippen ihre Texte auf dem Laptop oder unterwegs auf dem Blackberry. Die Älteren konferierten früher bei Zigarren und Whiskey, die Jüngeren klammern sich heute an ihr stilles Mineralwasser.

Ich erlebe unsere Diskussionen auch deshalb als bereichernd, weil darin ganz unterschiedliche Überzeugungen und Prägungen zum Ausdruck kommen. Wenn es zum Beispiel darum geht, ob sich Deutschland in Europa stärker engagieren sollte, um nicht nur wirtschaftlich, sondern auch politisch eine Führungsrolle zu übernehmen, dann wehren die Älteren in der Runde häufig ab: Bloß nicht! Sie glauben, dass Deutschland, anstatt seine Nachbarn zu bevormunden, lieber gut mit ihnen auskommen sollte. Sie haben noch erlebt, was ein zu starkes Deutschland anrichten kann.

Die Jüngeren dagegen verstehen die Aufregung nicht. Warum sollte die Bundesrepublik nicht mehr Verantwortung übernehmen, warum nicht zu ihrer Stärke stehen? Sie kennen nur ein friedfertiges Europa, und hat die Fußball-WM 2006 nicht gezeigt, dass alle Welt die Deutschen liebt? Oder wenn die Jüngeren mal wieder vorschnell intervenieren wollen, in Syrien oder in Libyen, dann sind es meist die Älteren, die mahnend den Finger heben und fragen: Was geht uns Syrien an? Was Libyen? Sie haben die Schrecken des Krieges noch nicht vergessen. Wer wie Helmut Schmidt selbst an der Ostfront kämpfte, spricht nicht leichtfertig von Krieg.

Kurzum: Nichts ist langweiliger als eine Diskussion, bei der alle einer Meinung sind. Kontroverse Debatten fordern die eigenen Gedanken heraus und machen das publizistische Erzeugnis tiefgründiger und ausgewogener. Der Journalismus lebt vom Austausch unterschiedlicher Erfahrungen und Einstellungen. Zeitungen sind Seismografen der Gesellschaft und sollten deshalb (wovon sie weit entfernt sind) möglichst die ganze Gesellschaft abbilden, nicht nur Alte und Junge, auch Männer und Frauen, Migranten, Ostdeutsche, Arbeiter. Beim Versandhändler Amazon gilt der Spruch: »Wenn zehn Leute die gleiche Meinung haben, sind neun zu viel im Raum.« Das ist natürlich provokant gemeint, doch nichts ist öder als eine Gruppe, deren Mitglieder alle gleich denken. Vielfalt schlägt Einfalt. Kulturelle Verschiedenheit schützt vor Fantasielosigkeit.

Meine Generation möchte gar nicht unter sich bleiben. Wir arbeiten gerne mit älteren Kollegen zusammen, auch wenn es uns in den Wahnsinn treibt, wenn sie mit zwei Zeigefingern die Buchstaben auf der Tastatur suchen. Ältere haben schon viele schwierige Situationen gemeistert. Sie stehen nicht mehr unter dem Druck, Karriere machen zu müssen oder um Jobs zu konkurrieren. Wir schätzen ihre Erfahrung und Gelassenheit. Und auch die Älteren können von den Jüngeren lernen – und nicht nur, wie man twittert.

Doch wie erreicht man ein harmonisches Miteinander zwischen Jung und Alt? Wie können Firmen auf die Bedürfnisse meiner Generation eingehen, ohne die älteren Arbeitnehmer zu vernachlässigen? Wie muss ein Arbeitsumfeld beschaffen sein, das meine Generation motiviert, ohne bei den Älteren den Eindruck zu erwecken, wir bekämen eine Sonderbehandlung?

Es würde schon reichen, wenn die Unternehmen dafür sorgen, dass sich die verschiedenen Generationen im Unternehmen begegnen und sich besser kennenlernen. Firmen können zum Beispiel Tandems aus älteren und jüngeren Mitarbeitern bilden, die gemeinsam ein Projekt betreuen. Sie können Neueinsteigern erfahrene Mentoren zur Seite stellen. Oder versuchen, das Wissen der Älteren für Jüngere besser zu erschließen.

Bei Bosch versucht man genau das. Dort haben pensionierte Führungskräfte die Möglichkeit auf eine »zweite Karriere«. Seit 1999 gibt es den Bosch Management Support, kurz BMS, eine Art Auffangbecken für Ruheständler. Gegen ein Beraterhonorar geben sie ihr Wissen an jüngere Kollegen weiter. Die Seniorexperten, allesamt zwischen 60 und 75 Jahre alt, sind weltweit im Einsatz. Mal springen sie nur für ein paar Tage ein, um bei der Umstellung auf eine neue Fertigungslinie zu helfen oder bei technischen Störungen nach Fehlern zu suchen, mal ein paar Monate, um den Aufbau einer Niederlassung in Fernost zu begleiten.

Auf diese Weise will der Autozulieferer Schlüsselqualifikationen und Erfahrungen im Haus behalten, anstatt teure externe Berater einzukaufen. Nebenbei erfahren die Senioren Wertschätzung und können sich etwas dazuverdienen. Anfangs gehörten dem Berater-pool 30 Pensionäre an, heute sind es mehr als 1000.

Auch andere Firmen in Deutschland haben begonnen, ihre Ruheständler zu reaktivieren. Siemens, Lufthansa und Co. machen Veteranen zu Coaches oder Mentoren, um vorhandenes Know-how schnell und flexibel zurück ins Unternehmen zu holen.

Ich glaube, dass es sich für Unternehmen lohnt, wenn sie mehr Energie darauf verwenden, die verschiedenen Generationen einander näherzubringen. Lernen sich die Altersgruppen persönlich kennen, arbeiten sie jeden Tag zusammen, dann klären sich Missverständnisse schnell auf. Und Vorurteile enttarnen sich häufig als vorschnelle Urteile. Die sind meist dann am größten, wenn man den anderen kaum kennt. Der Hass auf Migranten ist auch dort am stärksten verbreitet, wo kaum welche leben – etwa in Gegenden im Osten Deutschlands. So sind auch die Vorbehalte gegen Jüngere oder Ältere – je nach Perspektive – dort am größten, wo die unterschiedlichen Generationen wenig Berührung haben.

Wo Jüngere und Ältere täglich aufeinandertreffen, wird schnell klar, dass sie zwar unterschiedlich sind, aber eigentlich das Gleiche wollen. Auch die Älteren wünschen sich eine Berufswelt, in der sie freier und flexibler arbeiten können als heute. Auch sie wollen der Karriere nicht mehr alles unterordnen. Ist es also möglich, dass wir bei aller Verschiedenheit am Ende für eine gemeinsame Sache kämpfen?

08 / WIR TUN DAS AUCH FÜR EUCH

Wolfsburg im Herbst. Ausgerechnet mit dem Zug fahre ich in die deutsche Hauptstadt des Automobils. Das Erste, was man von der Stadt sieht, ist das Volkswagen-Werk, die vier Schornsteine des Kraftwerks, das riesige Firmenwappen, die roten Backsteinmauern. Hier ist Deutschland noch Autoland. Alles an diesem Ort ist auf vier Räder ausgerichtet, die überbreiten Straßen, die übergroßen Parkplätze. Und ich komme ausgerechnet mit der Bahn. Mit 30 Minuten Verspätung treffe ich im Hauptbahnhof ein, als wollte Wolfsburg gleich zur Begrüßung klarstellen, dass Züge hier nicht willkommen sind. Wie zur Strafe regnet es. Also steige ich ins Taxi, natürlich in einen VW, und natürlich will auch ich zu Volkswagen. Auf den Scheiben laufen Regentropfen um die Wette, dahinter zieht eine Stadt vorbei, die eigentlich keine Stadt ist, sondern ein Artefakt.

Wolfsburg ist eine der wenigen deutschen Städte, die noch keine 80 Jahre alt sind. Die Stadt wurde auf dem Reißbrett entworfen und 1938 von den Nazis als Fabrik mit angeschlossener Mustersiedlung gegründet. Bis 1945 hieß Wolfsburg Stadt des KdF-Wagens bei Fallersleben. Hier sollten die Arbeiter des Volkswagenwerks den KdF-Wagen bauen, der »Kraft durch Freude« versprach. Doch weil

Militärfahrzeuge im Krieg dringender benötigt wurden als Autos, ging er nie in Serie. Erst nach dem Krieg lief er millionenfach vom Band – unter dem Namen VW Käfer.

Bis heute ist die Stadt Wolfsburg mehr Werk als Stadt geblieben. 121 000 Menschen leben hier, 57 000 arbeiten bei Volkswagen. Der Autokonzern liefert der Stadt Licht und Wärme aus dem eigenen Kraftwerk, er sponsert Kunstausstellungen, hält 100 Prozent am VfL Wolfsburg, spendierte zum 40. Stadtgeburtstag ein Planetarium. Und als der Golf Nummer fünf auf den Markt kam, wurde Wolfsburg ein paar Wochen lang in Golfsburg umbenannt. Mit eigenem Ortsschild und Briefkopf.

Das ist Wolfsburgs Vergangenheit. Ich bin heute hier, um etwas über die Zukunft zu erfahren. Über die Arbeitswelt von morgen. Nur wenige Unternehmen in Deutschland beschäftigen so viele junge Menschen wie der Volkswagen-Konzern. Kaum eines ist bei Absolventen und Berufseinsteigern beliebter. In Rankings der attraktivsten Arbeitgeber landet Volkswagen regelmäßig weit vorne. Allein im Jahr 2012 stellte der Konzern 15 000 Hochschulabsolventen und 5400 Auszubildende ein. Tausende junge Leute machen hier jedes Jahr ein Praktikum, schreiben ihre Studien-, Diplom- oder Doktorarbeiten. VW ist ein Unternehmen, das meine Generation gut kennen muss.

Am Tor Ost steige ich aus dem Taxi. Mein Termin führt mich in einen grauen Betonklotz. Hier sitzt die Volkswagen Group Academy, sie bündelt sämtliche Bildungsaktivitäten des Volkswagen-Konzerns. 1000 Menschen kümmern sich hier um die berufliche Ausbildung und akademische Weiterbildung der VW-Beschäftigten.

In einem kahlen Konferenzraum treffe ich Ralph Linde, den Geschäftsführer der Akademie. Linde ist ein großer Mann mit einem kräftigen Händedruck, der schnell spricht und das »r« dabei sanft rollt. Linde ist Anfang 50, aber er weiß genau, wie die Generation Y tickt. Er hat sie erforscht. Alles begann mit einem Vortrag vor 2500 Audi-Managern, Linde sprach über die jungen Beschäftigten, über ihren Umgang mit Technologien und Autoritäten, über ihre Werte und Wünsche. Er habe noch nie so viel Resonanz auf eine Rede bekommen, erzählt der Manager.

Daraufhin wollte Linde es genau wissen. Er ließ die Beschäftigten von Audi, einer VW-Tochter, in einer groß angelegten Studie befragen. Ziel war es, herauszufinden, wie sich die Ansprüche, die jüngere Beschäftigte an die Arbeitswelt stellen, von denen der älteren unterscheiden. Mehr als 1500 Mitarbeiter machten mit, vom Azubi bis zum Frührentner, vom Monteur bis zum Manager. Es ist eine der wenigen deutschen Studien über die Generation Y, die nicht nur Akademiker einbezieht, sondern auch Arbeiter.

Und, frage ich Ralph Linde, was sind nun die Unterschiede zwischen den Generationen? Um ehrlich zu sein, antwortet er, es gibt kaum welche.»Es ist ein weitverbreitetes Vorurteil, dass die Jungen mehr Freiheiten wollen als ältere Generationen«, sagt Linde.»Sie wollen auch nicht mehr Selbstbestimmung oder mehr Anerkennung. Grundsätzlich freut sich doch jeder über Lob und Selbstbestimmung. Die Älteren wollen das Gleiche wie die Jungen, nur haben sie ein anderes Verhältnis zu Autoritäten. Sie halten sich eher mal zurück, wo junge Leute vorpreschen. Das ist vermutlich weniger eine Frage der Generation als eine von Lebensalter und Lebenserfahrung.«

»Schauen Sie«, sagt Linde und deutet auf ein rotes Balkendiagramm, das die Antworten grafisch darstellt,»auch die älteren Mitarbeiter wollen heute regelmäßig wissen, wie ihre Arbeit beurteilt wird.« Auf die Frage, wie häufig sie sich Feedback von ihrem Vorgesetzten wünschen, sagten 76 Prozent der befragten Audi-Mitarbeiter, sie hätten gerne öfter oder so oft wie möglich Feedback – und zwar unabhängig vom Alter.

Ein weiteres Ergebnis der Befragung ist, dass Hierarchien am Arbeitsplatz nicht nur bei den Jüngeren an Bedeutung verlieren. Alle

Mitarbeitergruppen sagten, sie ließen sich weniger von formellen Strukturen leiten, sondern suchten häufig denjenigen auf, der ihnen am besten helfen könne.

Ganz ähnlich beurteilen die Generationen auch die persönlichen Entwicklungsmöglichkeiten. 95 Prozent der Befragten aus der Generation Y halten sie für »sehr wichtig« oder »eher wichtig«, aber auch für 84 Prozent der Generation X und für 79 Prozent der Babyboomer hängt die Attraktivität des Arbeitgebers von den eigenen Entfaltungsmöglichkeiten ab.

Mehr Feedback, flache Hierarchien, die Möglichkeit, sich zu entwickeln – diese Themen sind also nicht nur meiner Generation wichtig, sondern liegen auch den Älteren am Herzen. »Der Unterschied ist«, sagt Linde, »dass die Jungen ihre Ansprüche in die Arbeitswelt tragen und sie lautstark einfordern.«

Das Gespräch mit Ralph Linde dauert eineinhalb Stunden, als ich die Akademie verlasse, regnet es immer noch. Ich nehme ein Taxi zum Hauptbahnhof und beobachte wieder die Tropfenrennen auf der Scheibe. Der Zug nach Hamburg hat Verspätung, diesmal fast 50 Minuten.

Ich stehe am Bahnsteig und frage mich, ob Ralph Linde recht hat mit dem, was er sagt: Wollen die Alten tatsächlich das Gleiche wie die Jungen? Verlaufen die Konfliktlinien in den Unternehmen vielleicht gar nicht zwischen den Generationen, sondern zwischen einer Arbeitswelt, wie sie heute ist, und einer Arbeitswelt, wie wir sie uns wünschen? Zwischen starren und flexiblen Arbeitszeiten, zwischen Präsenzpflicht und Homeoffice, zwischen Burn-out-Chefs und Teilzeitmanagern? Kann es sein, dass meine Generation für eine Kultur in den Unternehmen kämpft, in der sich auch Ältere wohlfühlen? Wollen wir, was allen nützt?

Die Realität in vielen Unternehmen sieht heute noch so aus: Die Anwesenheit im Büro wird gleichgesetzt mit Arbeit, egal, ob man in dieser Zeit Löcher in die Luft starrt, auf *FarmVille* virtuelles

Ackerland pflügt oder die Profilseiten seiner Facebook-Freunde auswendig lernt. Wer nach Mitternacht E-Mails schreibt, macht sich beim Chef beliebt. Wer um halb fünf gehen muss, um sein Kind von der Kita abzuholen, verschwindet durch die Hintertür. Leistung wird daran bemessen, wie viele Stunden man bei der Arbeit verbringt, und nicht daran, was am Ende dabei herauskommt. Nicht das Ergebnis zählt, sondern der Einsatz – in Form von sichtbaren Stunden im Büro. In dieser Logik ist es besser, viel Zeit mit wenig Arbeit zu verbringen, anstatt viel Arbeit in kurzer Zeit zu erledigen. Langsames Arbeiten wird belohnt, schnelles Arbeiten bestraft. Das ist absurd!

Feedback gibt es, wenn überhaupt, nur einmal im Jahr – beim obligatorischen Mitarbeitergespräch, bei dem der Vorgesetzte gelangweilt einen Fragenkatalog abarbeitet und der Mitarbeiter wartet, bis es endlich vorbei ist. In den restlichen 364 Tagen sind die besten Beschäftigten die, die dem Chef nicht zur Last fallen. Fürsorge? Fehlanzeige. Förderung? Gleich null. Perspektive? Kaum vorhanden.

Diese Arbeitswelt braucht eine Revolution, denn so kann es nicht weitergehen. Millionen von Deutschen gehen jeden Morgen zur Arbeit und haben – null Bock. Ihr Highlight des Tages ist der Feierabend, das Highlight des Jahres der Sommerurlaub. Das ist wie Knast mit zwei Wochen Freigang.

Diese Zahlen sind erschreckend: 24 Prozent der Beschäftigten in Deutschland haben innerlich gekündigt, 61 Prozent machen Dienst nach Vorschrift, nur 15 Prozent haben eine »hohe emotionale Bindung« an ihren Arbeitgeber und sind bereit, sich für ihn ins Zeug zu legen. Das geht aus der jüngsten Deutschlandstudie des amerikanischen Beratungsunternehmens Gallup hervor, das einmal im Jahr die Bundesbürger zu ihrer Arbeitsmotivation befragt.

Die Ergebnisse müssten die deutsche Wirtschaft alarmieren. Denn frustrierte Mitarbeiter sind nicht nur schlecht gelaunt, sie übernehmen auch keine Verantwortung mehr und machen nur das, was unbedingt nötig ist. Bei manchen schlägt Frust sogar in Rache um. So wie bei dem Mitarbeiter eines Burger-King-Restaurants in Ohio, der ein Foto ins Internet stellte, das ihn von den Knien abwärts zeigt. Zu sehen sind seine schwarzen Straßenschuhe, die in zwei Behältern voll mit frischem Grünzeug stehen. »Dies ist der Salat, den ihr bei Burger King esst«, kommentierte der Salattreter das Foto im Netz. Der Mitarbeiter wurde gefeuert, doch das Foto ging durch die Medien.

Größeres Aufsehen erregte der Manager Greg Smith, der einen Brandbrief in der *New York Times* veröffentlichte, in dem er seinen Arbeitgeber, die US-Investmentbank Goldman Sachs, an den Pranger stellt. In seiner Firma gehe es nur noch ums Geldverdienen und darum, den Kunden auszupressen, beklagt Smith. Ihnen würden Produkte angedreht, die sie überhaupt nicht brauchten, nur um den Profit zu steigern. »Es macht mich krank, wie kaltschnäuzig die Leute darüber reden, ihre Kunden abzuzocken.« Smith beschreibt, wie seine Kollegen Kunden abfällig als Muppets, also als Deppen, bezeichnen würden. Das Pamphlet löste eine Debatte über die Moral der Investmentbanker aus. Außerhalb der Firma wurde Smith gefeiert, für Goldman Sachs war es ein Desaster. Der Aktienkurs sackte ab, doch das war nur der sichtbare Schaden. Der Imageverlust dürfte weit größer sein.

Nur selten gehen frustrierte Mitarbeiter so weit wie Greg Smith, viele melden sich einfach krank. Im Jahr 2012 kamen demotivierte Beschäftigte in Deutschland laut der Gallup-Studie im Schnitt auf 3,1 Fehltage mehr als ihre »emotional hoch gebundenen« Kollegen. Sie sind außerdem eher bereit, den Arbeitgeber zu wechseln. Der Aussage »Ich beabsichtige, heute in einem Jahr noch bei meiner derzeitigen Firma zu sein« stimmen 93 Prozent der engagierten, aber nur 58 Prozent der demotivierten Mitarbeiter zu.

Noch schlimmer ist es allerdings, wenn die Null-Bock-Kollegen bleiben. Dann gefährden sie die Innovationsfähigkeit des Unternehmens. Die Gallup-Studie fand heraus, dass mehr als die Hälfte der Arbeitnehmer, die innerlich gekündigt haben, im vergangenen Jahr keine einzige eigene Idee ins Unternehmen eingebracht haben. Gemeint sind nicht nur bahnbrechende Innovationen, sondern auch kleine Ideen, etwa wie Arbeitsabläufe besser werden können. Begeisterte Mitarbeiter hingegen haben nicht nur mehr, sondern auch die besseren Ideen: 51 Prozent der Befragten in dieser Gruppe berichten, dass ihre Vorschläge bereits umgesetzt wurden, bei den lustlosen Kollegen liegt die Umsetzungsquote hingegen nur bei 27 Prozent.

Resignierte Mitarbeiter, die häufig fehlen, und wenn sie da sind, langsam oder schlecht arbeiten, verursachen gewaltige Kosten. Den volkswirtschaftlichen Schaden in deutschen Unternehmen schätzen die Forscher von Gallup auf jährlich bis zu 138 Milliarden Euro. Zum Vergleich: Das ist mehr als der Jahresumsatz des Energieriesen E.ON.

Viele Arbeitnehmer starten hoch motiviert in einen Job, werden dann aber zunehmend desillusioniert, bis sie sich innerlich ganz aus dem Unternehmen verabschieden. Die Ursache dafür sind fast immer schlechte Vorgesetzte. »Aus motivierten Leuten werden Verweigerer, wenn ihre Bedürfnisse und Erwartungen bei der Arbeit über einen längeren Zeitraum ignoriert werden. Man fragt sie nicht nach ihrer Meinung, gibt ihnen weder positives Feedback noch eine konstruktive Rückmeldung zur Arbeitsleistung und interessiert sich nicht für sie als Mensch«, sagt der Gallup-Studienleiter Marco Nink.

Erschreckend ist, dass immer mehr Arbeitnehmer in Deutschland in die innere Emigration flüchten. Bei der ersten Erhebung der Gallup-Studie im Jahr 2001 zählten nur 15 Prozent der deutschen Beschäftigten zur Gruppe der »emotional nicht gebundenen Mitarbeiter«, heute sind es 24 Prozent – so viel wie nie zuvor.

Das liegt auch daran, dass die Beschäftigten im Schnitt älter werden. Die Babyboomer machen hierzulande inzwischen knapp ein

Drittel der abhängig Beschäftigten aus. Und gerade in dieser Generation gibt es besonders viele Resignierte. 29 Prozent der Babyboomer haben laut der Gallup-Studie innerlich bereits gekündigt, bei der Generation Y sind es nur 18 Prozent.

Die älteren Arbeitnehmer fühlen sich vernachlässigt, weil sie von den Arbeitgebern immer weniger wahrgenommenen werden, vermutet Studienexperte Nink. Er spricht von der »vergessenen Generation am Arbeitsplatz«. Die Babyboomer sind also die Arbeitnehmer in Deutschland, die im Job am unzufriedensten sind. Vielleicht schauen viele auf ihr bisheriges Berufsleben zurück und fragen sich, was sie eigentlich davon hatten, dass sie der Arbeit alles untergeordnet haben, außer den Titel des Rekordhalters im Sammeln von Überstunden. Auch sie wünschen sich eine andere Arbeitswelt. Sie sehnen sich – genau wie meine Generation – nach einem ausbalancierteren Leben und einer Arbeit, die mehr Freiheiten lässt.

Gerade die Babyboomer sind es, die häufig unter doppeltem Stress stehen. Sie sind die Eltern von Kindern, Jugendlichen oder Erwachsenen und gleichzeitig die Kinder von Alten, Hochbetagten und Langlebigen. Sie haben selbst Kinder, die noch nicht auf eigenen Beinen stehen (wollen), viele auch schon Enkelkinder, für die sie da sein sollen. Gleichzeitig müssen sie sich um ihre eigenen Eltern kümmern und nicht selten auch um ihre Schwiegereltern.

Ihnen geht es wie Hanna G. aus Hamburg, die ihrem Frust einmal in einem Leserbrief Luft machte, den der Zukunftsforscher Horst W. Opaschowski in seinem Standardwerk *Deutschland 2030* zitiert. Frau G. schreibt: »Damit meine 30-jährige Tochter ihr Studium abschließen konnte, kümmerte ich mich um ihr Kind und seit dem Tode meines Vaters vor zwölf Jahren intensiv um meine nun fast 80 Jahre alte Mutter, die nie Freundschaften wollte, denn sie hatte ja mich. Meine Tochter erwartet, dass ich mich auch nach Abschluss ihres Studiums um ihre Tochter kümmere. Und auch mein Sohn greift mich an, er könne Hamburg nicht verlassen, weil

… Ich kann doch nicht bis an mein Lebensende Sklave der Familie sein.«

Viele Boomer sind eingequetscht zwischen den Erwartungen ihrer Kinder und denen ihrer Eltern. Sie haben das Gefühl, von den Lasten und Pflichten erdrückt zu werden. Sie sind erschöpft – körperlich, geistig und emotional. Gerade sie brauchen Entlastung und wünschen sich ein Arbeitsleben, das sich mit ihren privaten Verpflichtungen vereinbaren lässt. Manche wünschen sich auch einfach mehr Zeit für sich.

Als die Idee für dieses Buch entstand, erzählte mir ein Kollege, dass er kündigen werde. Ich dachte sofort, er habe anderswo ein lukratives Angebot bekommen. »Und wohin gehst du?«, fragte ich. »Nirgendwohin«, sagte er. Mein Kollege kündigt, weil er keine Lust mehr auf eine Festanstellung hat. Er wolle nicht mehr jeden Morgen in die Redaktion fahren, sich nicht länger nach Konferenzzeiten und Produktionsabläufen richten müssen. Nicht dass er aufhören wolle zu arbeiten, er möchte sich die Arbeit aber selbst einteilen. Als freier Autor will er künftig nur noch über das schreiben, was ihn wirklich interessiert, und auch nur dann, wenn er Lust dazu hat. Mein Kollege will mehr Zeit in seinem großen Garten verbringen und mit Zelt und Fahrrad durch Deutschland reisen. Außerdem möchte er sich um seine alten Eltern und seinen jungen Hund kümmern. Er will Zeit fürs Lesen jenseits von Aktualitäten und für den Sport. Er möchte sich aber auch sozial engagieren: Krankenbesuche bei sonst Unbesuchten machen und eine Lesepatenschaft übernehmen.

Ich finde seine Entscheidung bemerkenswert. Da gibt jemand seine feste Redakteursstelle auf und verzichtet auf ein sicheres Gehalt, weil es ihm wichtiger ist, jeden Morgen frei zu entscheiden, was er mit dem Tag anfangen möchte. Da kehrt jemand der alten Arbeitswelt den Rücken und schafft sich eine neue – nach seinen eigenen Bedürfnissen. Da entscheidet jemand nach dem Glück, nicht nach dem Geld. Das klingt alles sehr nach Generation Y. Dabei ist mein Kollege 51, ein jüngerer Vertreter der Babyboomer. Doch vom Verhalten her könnte er als ältestes Mitglied der Generation Y durchgehen.

Als ich sah, wie die älteren Kollegen auf seinen Entschluss reagierten – teils mit Bewunderung, teils mit verstecktem Neid, aber nie mit Unverständnis –, fragte ich mich, ob sich der Wertewandel, den ich bislang meiner Generation zugeschrieben habe, nicht durch die ganze Gesellschaft zieht. Sinn wird wichtiger als Status. Glück schlägt Geld. Herr seiner Zeit zu sein ist das neue Statussymbol unserer Gesellschaft.

Natürlich kann das nicht bedeuten, dass nun jeder mit 50 aus dem Job ausscheidet. Die meisten können sich das finanziell gar nicht leisten, und nicht jede Arbeit lässt sich wie das Schreiben an jedem Ort und zu jeder Zeit erledigen. Natürlich braucht es auch in Zukunft Beschäftigte, die ins Büro kommen, anstatt zu Hause den Rasen zu mähen. Doch der Wunsch nach mehr Autonomie muss für die Unternehmen nichts Schlechtes bedeuten. Im Gegenteil: Sie können davon profitieren. Wenn sie ihren Mitarbeitern mehr Freiheiten geben, zahlt sich das für die Firmen aus.

Es gibt eine ganze Bandbreite von Studien, die das belegen. Mitarbeiter, die die Wahl haben, wo und wann sie arbeiten, leisten mehr als jene, die über die Maßen kontrolliert werden. Wer sich die Zeit frei einteilen kann, macht keinen Dienst nach Vorschrift. Wer selbst entscheiden kann, ob er im Büro unter künstlichem Licht oder im Ferienhaus unter freiem Himmel arbeitet, der hängt vielleicht noch ein paar Extra-Stunden dran. Wer seinem eigenen Rhythmus und Tempo folgt, empfindet Arbeit womöglich nicht als Arbeit, sondern als – wer hätte das gedacht – Ausdruck von Freiheit.

Gewiss, es gibt Beschäftigte, die solche Freiräume ausnutzen und lieber virtuelle Moorhühner jagen, als den Projektbericht fertig zu schreiben. Doch die meisten Menschen – auch das belegen

Studien – gehen mit Vertrauen, das ihnen entgegengebracht wird, verantwortungsvoll um. Außerdem fliegen Faulpelze schnell auf in einer Arbeitswelt, die Ergebnisse belohnt und nicht die dafür aufgewendeten Stunden. Selbstbestimmtes Arbeiten diszipliniert zu Effizienz, weil man gewissermaßen für sich selbst arbeitet. Wenn ich einen Artikel schreibe, dann wird er in der Redaktion in zwei Tagen und zu Hause in einem Tag (oder einer Nacht) fertig. Denn in meiner Wohnung gibt es keine Konferenzen und keine Kollegen, die kickern oder Kaffee trinken wollen, dafür aber einen schönen Balkon mit Blick aufs Wasser.

Ich bin überzeugt, dass die Deutschen engagierter bei der Arbeit wären, hätten sie mehr Freiräume und würden ihnen die Chefs mehr vertrauen. Leider ist das Gegenteil zu beobachten: Unternehmen sperren die Seiten von sozialen Netzwerken, weil sie fürchten, dass dort zu viel Zeit vertrödelt wird. Auch Nachrichtenportale, Foren und Blogs sind vielerorts nicht erreichbar. Statt Vertrauensarbeitszeit gilt das Diktat der Stempeluhr. Kontrolle ist besser.

Mag sein, dass das andere nicht stört. Ich empfinde solche Maßnahmen als Misstrauensvotum, als Angriff auf meine Arbeitsmoral. Vorschriften basieren auf der Annahme, dass der Einzelne mit Freiheiten nicht umgehen kann und sie ausnutzt. Hinter Verboten steckt das autoritäre Verhalten einer Führung, die die Mitarbeiter nicht überzeugen, sondern kontrollieren will. Ich glaube, dass der Schaden, den Sperren, Verbote und Kontrollen gerade dort anrichten, wo es auf eigenverantwortliches Arbeiten ankommt, größer ist als der Missbrauch, den sie unterbinden sollen.

Das gilt selbst dann, wenn sie fürsorglich gemeint sind. So wie die E-Mail-Sperren und Telefonverbote, mit denen Firmen neuerdings ihre Beschäftigten vor E-Mail-Terror und Handy-Stress schützen wollen. Bei VW gilt eine »Blackberry-Pause«, nach Dienstschluss werden keine E-Mails mehr an die Mobiltelefone der Belegschaft weitergeleitet, von 18.15 Uhr bis sieben Uhr morgens wird der Server einfach abgeschaltet. Daimler will Mitarbeitern, die nicht im Dienst sind, künftig erlauben, ihre E-Mails automatisch löschen zu lassen. In anderen Unternehmen und auch im Bundesarbeitsministerium gibt es ähnliche Vereinbarungen.

Natürlich ist es zu begrüßen, wenn Firmen den Feierabend respektieren und ihre Beschäftigten vor Überlastung schützen. Doch vor lauter Angst, die Mitarbeiter zu überfordern, sollte man sie auch nicht unterfordern, indem man ihnen nicht zutraut, selbst entscheiden zu können, wann sie abschalten.

Ich halte E-Mail-Sperren nicht für das richtige Mittel, weil sie – erstens – eine erneute Gängelung bedeuten. Sie gehen von einem unmündigen Menschen aus, der nicht in der Lage ist, seine Kommunikation zu kontrollieren. Für meine Generation verschwimmen die Grenzen zwischen Arbeit und Leben. Wir lesen in unserer Freizeit Arbeitsmails, wollen dafür aber im Büro Facebook nutzen. Und vielleicht auch mal um vier Uhr gehen, um im Café oder abends zu Hause weiterzuarbeiten. Kommunikationssperren nehmen uns diese Freiheiten.

Zweitens gehen sie schlicht an der Realität vorbei. Die Welt wächst zusammen, die Wirtschaft ist vernetzt wie nie zuvor. Unternehmen arbeiten in globalen Teams in unterschiedlichen Zeitzonen zusammen, viele Informationen sind zeitkritisch. Und da will sich Deutschland um 18.15 Uhr, wenn die Amerikaner gerade erst anfangen zu arbeiten, in den E-Mail-Feierabend verabschieden? Kein Wunder, dass VW seine Führungskräfte und Mitarbeiter ohne Tarifbindung von der Blackberry-Pause ausnimmt.

Drittens verfestigen E-Mail-Sperren jene Kultur in den Unternehmen, die meine Generation am liebsten abschaffen würde: die strikte Präsenzpflicht. Sie erheben die körperliche Anwesenheit im Büro zum Leitbild der Arbeitsorganisation. Sie schreiben Beschäftigten vor, nur während einer bestimmten Zeit zu arbeiten, die andere für sie definieren. Warum können wir nicht selbst entscheiden, wo und wann wir am produktivsten sind? Auf dem Weg in eine selbstbestimmte Arbeitswelt sind E-Mail-Verbote ein Rückschritt.

Gewiss, Freiheit über die eigene Zeit birgt die Gefahr, dass sie zur Falle wird. Aus Arbeit, wo und wann man will, kann Arbeit ohne Ende werden. Nicht jeder schafft es, den Stecker zu ziehen. Doch statt pauschale Sperren zu verhängen, sollten sich Führungskräfte lieber genau überlegen, ob eine Mail nach Dienstschluss wirklich nötig ist.

Marion Schick etwa, im Telekom-Vorstand für Personal zuständig, ist der Meinung, dass nicht jede Mail, die nach Feierabend geschrieben werde, die Mitarbeiter überfordere, nur: »Als klug Führende mache ich mir aber bewusst, was sie eventuell beim Empfänger auslöst. Daher überlege ich mir einmal mehr, ob ich diese Mail nicht auf den nächsten Arbeitstag verschiebe.« Nicht die Möglichkeiten der Technik sind ein Problem, der Umgang damit ist es. Die Technik schafft Freiheiten, die Beschäftigte früher nicht hatten. Für diejenigen, die verantwortungsvoll mit ihr umgehen, ist sie ein Segen.

Meine Generation kämpft für eine Kultur in den Unternehmen, die nicht jedem das gleiche Modell überstülpt. Sie berücksichtigt, dass Beschäftigte unterschiedliche Bedürfnisse haben – je nach Lebensphase. Der eine braucht Zeit für die Pflege eines Angehörigen, der andere möchte sich weiterbilden, der Dritte eine Familie gründen. Mancher kann frühmorgens besser arbeiten, ein anderer nachts. Es geht nicht um richtig oder falsch, es geht um Freiheit. Um Individualität. Darum, dass der Mensch im Mittelpunkt steht. Das wünschen sich auch die älteren Beschäftigten. Im Grunde wollen wir das Gleiche.

09 / FAUL? SCHLAU!

Kennen Sie den schon über den Azubi, dessen Mutter beim Chef anruft und ihm klarmacht, dass ihr Sohn mehr Gehalt verdient habe? Oder den über die Studentin, die ihr Sommerpraktikum abbricht, weil sie im Büro Facebook nicht nutzen darf? Oder den über den Frischdiplomierten, der von seinem Vorgesetzten wegen einer verpassten Deadline zur Rede gestellt wird und schulterzuckend entgegnet: »Sie haben mich eben nicht rechtzeitig erinnert«?

Über meine Generation gibt es viele Klischees. Es heißt, es sei uns wichtiger, zweimal die Woche ins Hockeytraining zu gehen, als befördert zu werden. Statt über den nächsten Karriereschritt erkundigen wir uns lieber nach der betrieblichen Kinderbetreuung. Es heißt, wir würden an allem zweifeln, nur nicht an uns selbst. Wir wollen für alles immer Feedback haben, und zwar am liebsten sofort. Man hält uns für verhätschelt, freizeitorientiert und internetsüchtig.

Tja, um ehrlich zu sein, an den Klischees ist etwas dran. Ja, es ist wahr, wir sind verwöhnt, anspruchsvoll und ungeduldig. Ohne Internet sind wir hilflos, ohne Smartphone völlig verloren. Mit dieser Kritik müssen wir leben.

Womit wir nicht leben können, ist ein Vorwurf, der weitverbreitet ist: der Vorwurf, wir seien faul. Personalchefs halten uns für träge Luxusgeschöpfe, die lieber erben wollen, statt selbst etwas zu leisten. Und auch die Medien lästern über meine Generation, der es nie an etwas gemangelt habe, außer an Ehrgeiz. Die *Frankfurter Allgemeine Sonntagszeitung* fragt: »Sind das alles Weicheier, die sich vor Karriere und Chefsein drücken?« Das *Manager Magazin* lästert über die »Kuschel-Kohorte«, die es sich in der Wirtschaftswelt so gemütlich macht wie der Igel im winterlichen Komposthaufen. Da taucht ein junger Controllingspezialist auf, der ein lukratives Angebot bei einem Energiekonzern ausschlägt, weil er nicht aus München wegziehen will. Er liebe nun mal das Skifahren und die Berge. Oder da ist der junge Mitarbeiter einer Buchhandelskette, der eine Filiale leiten soll und stattdessen vorschlägt, nur die Stellvertretung zu übernehmen – zusammen mit zwei anderen Kollegen. Allein sei ihm das zu aufreibend.

Wer sich in der deutschen Wirtschaft umtut, hört ähnliche Klagen. Ein Personalberater erzählte mir von einem Dax-Vorstand, der einen Assistenten suchte – eine Stelle, die als Karrieresprungbrett gilt – und zum ersten Mal seit wer weiß wie vielen Jahren Absagen bekam. Sein Favorit lehnte den begehrten Posten mit der Begründung ab, die langen Arbeitszeiten seien schwer mit Familie und Hobbys zu vereinbaren.

Der Geschäftsführer eines Klinikverbunds klagt, dass junge Ärzte heute nur noch zu gewinnen seien, wenn man Kitas und Kindergärten, Sabbaticals und flexible Arbeitszeiten anbiete. Forschungsarbeiten, die früher selbstverständlich nach Dienstschluss stattgefunden hätten, müssten heute in den Dienstplan integriert werden. Sonst würde keiner mehr forschen. Außerdem, lästert der Chef, schafften die Jungen heute keine Doppelnachtdienste am Wochenende mehr. Wenn er heute zwei Leute einstelle, seien sie so verfügbar wie einer.

Kaum ein Personalverantwortlicher will sich mit seinen Äußerungen zitieren lassen. Zu groß ist die Angst, den begehrten Nachwuchs zu vergraulen oder als Manager der alten Schule zu gelten. Offiziell loben sie die Jungen für ihren Wunsch nach einem ausbalancierten Leben, aber im vertrauten Kreis lästern sie über die »Heulsusen« und die »Familien-Papis«.

Einer ist von meiner Generation so genervt, dass er zunächst bereit ist, offen über sie zu reden. Doch Wochen nach dem Gespräch, als ich ihm seine Zitate noch einmal zur Abstimmung vorlege, möchte auch er nicht mehr mit echtem Namen in diesem Buch vorkommen. Zu heikel, meint er. Er fürchtet auf einmal, mit seinen Aussagen Arbeitnehmervertreter aufzuschrecken. Deshalb soll dieser Mann hier Thomas Frey heißen. Frey ist Partner bei einer internationalen Anwaltskanzlei, die zu den führenden der Welt gehört. Er hat viel mit der Generation Y zu tun, er trifft auf sie in Bewerbungsgesprächen, auf Absolventenmessen und Recruiting-Veranstaltungen, bei denen er im Namen seiner Firma um die besten Nachwuchsjuristen wirbt.

Ich treffe Frey an einem warmen Augusttag in einer noblen Ecke Hamburgs, wo seine Kanzlei ihr Büro hat. Frey kommt ein paar Minuten zu spät zum Treffpunkt, und kaum ist er da, klingelt schon sein Blackberry. »Sorry, da muss ich kurz ran«, sagt er. Wir sind zum Mittagessen verabredet, und weil es einer der letzten heißen Sommertage ist, gehen wir in ein nettes kleines Restaurant, wo man direkt am Fleet sitzen kann. Bevor wir unsere Bestellung aufgeben, hat sein Blackberry fünfmal geläutet.

Frey ist ständig im Dienst. Er hat schnell Karriere gemacht. Was für andere die Krönung ihrer Laufbahn ist, hat Frey schon mit 36 Jahren geschafft: die Berufung zum Partner in dieser renommierten Kanzlei. Heute ist er 38, vom Alter nicht weit weg von der Generation Y, doch vom Arbeitsethos ein Babyboomer, wie er im Buche steht. Freys Erfolgsrezept: mehr leisten als andere.

»Als ich als Anwalt anfing, habe ich im Schnitt 14 Stunden am Tag gearbeitet und am Wochenende noch mal jeweils zehn, nur einen Sonntag im Monat habe ich freigemacht. Ich habe mein Leben damals an der Tür abgegeben und nichts getan, außer zu arbeiten.« Frey hat dem Job alles untergeordnet. Er hat rangeklotzt und wurde belohnt dafür. Stufe um Stufe hat er sich hochgearbeitet, bis er ganz oben angekommen war.

Die Salate kommen – Scampis auf Sprossen für Frey, Caesar Salad für mich, es ist zu warm für ein schweres Essen. Das Blackberry bimmelt schon wieder. Diesmal lässt Frey es klingeln. Auch den Salat wird er eine ganze Weile nicht anrühren, er muss erst etwas loswerden: »Reden wir also über meine Freunde«, sagt er mit einer sarkastischen Betonung auf »Freunde«. Das, was die Jungen wollen, fände er ja eigentlich ganz gut, sagt Frey. Er habe durchaus Sympathien für sozialromantische Vorstellungen, nur seien die Forderungen der Jungen von der Realität so weit entfernt wie die Venus vom Mars.

»Was mich wirklich stört an dieser Generation, ist dieser Alles-und-alles-sofort-Anspruch. Die wollen viel Geld verdienen, gleich an den großen Themen mitarbeiten und bei den großen Mandanten sitzen, gleichzeitig aber flexibel sein, Zeit für ihre Hobbys, ihre Familie und ihre Freunde haben, und natürlich weiterhin schöne Reisen machen, in denen sie bitte nicht gestört werden dürfen. Sonst noch was?«

Frey hält die Generation Y für verwöhnt, ichbezogen und grandios darin, sich selbst zu überschätzen. Das, was die Jungen fordern, passe nicht zu dem, was sie leisten. »Bei uns steigen Absolventen mit 100 000 Euro Jahresgehalt ein. Und da ist der Bonus noch nicht eingerechnet. Da erwarte ich, dass sie den Deal verstehen, der lautet: Geld gegen Gefolgschaft. Für das viele Geld stellt man sich in den Dienst der Firma. Das hohe Gehalt ist auch ein Stück Schmerzensgeld. Je mehr man eincasht, desto mehr sollte man leisten. Doch die

Jungen fragen nicht: Verdiene ich das eigentlich? Sie nehmen es als selbstverständlich hin und fragen dann noch nach einem Sabbatical!«

Frey hat sich in Rage geredet, er ist jetzt kaum zu unterbrechen. Den Salat hat er immer noch nicht angerührt, die aufgespießte Garnele balanciert auf seiner Gabel über dem Teller. Die Generation Y bringt Frey fast ums Mittagessen.

Die zweite Frage im Bewerbungsgespräch, erzählt Frey, laute: Was tun Sie eigentlich für die Work-Life-Balance? Statt zu fragen, was sie für die Firma tun können, fragen die Jungen immer nur, was die Firma für sie tun könne. »Die Haltung dahinter ist: Ich bin wichtig. Ich bin wertvoll. Doch mit dieser Einstellung schneiden sie sich ins eigene Fleisch. Wer viel Wert auf flexible Arbeit und ein ausbalanciertes Leben legt, ist automatisch weniger präsent im Büro. Gefördert wird aber, wer sich richtig reinhängt und zudem sichtbar ist. Die Arbeit von zu Hause kann ein Karrierekiller sein, weil man nicht mehr gesehen wird. Den sozialen Faktor darf man nicht unterschätzen, der Schwatz auf dem Gang, das Bier am Feierabend, der Umtrunk auf der Weihnachtsfeier, all das dient dazu, dem Vorgesetzten zu beweisen, dass man sozial umgänglich ist.«

»Wollen die Jungen heute also gar keine Karriere mehr machen«, frage ich Frey. Doch, sagt der Jurist, nur sind sie nicht mehr bereit, dafür auf vieles zu verzichten. »Früher fragten Bewerber schon im ersten Gespräch, wie schnell sie bei uns aufsteigen können. Heute heißt es eher: ›Ihr könnt mir nicht versprechen, dass ich in sieben, acht oder zehn Jahren Partner werde. Wieso sollte ich mich jetzt reinhängen, so vieles entbehren, um am Ende festzustellen: Das wird nichts?‹« Lehrjahre sind keine Herrenjahre, an diesen Satz, sagt Frey, glaubten die Berufseinsteiger von heute nicht mehr. Sie wollten sich von Anfang an wie Herren fühlen.

Wie Frey denken viele Führungskräfte über meine Generation. Und in einer anonymen Befragung sagen sie es auch, etwa im *Ma-*

nager-Barometer, für das die Personalberatung Odgers Berndtson Manager von Deutschlands 500 größten Unternehmen bat, die heutigen Hochschulabsolventen zu beurteilen. Das Ergebnis: Zwar loben die Führungskräfte die guten Fremdsprachenkenntnisse der Jungen, ihre Erfahrungen im Ausland und ihren Umgang mit neuen Medien. Doch sie halten sie auch für weniger ambitioniert als die Absolventen der 1990er-Jahre. 40 Prozent der Befragten sagen, die heutigen Hochschulabgänger seien weniger willensstark und karriereorientiert als früher. Nur acht Prozent halten sie für ehrgeiziger. Die Personalmanager haben außerdem den Eindruck, dass viele der Jungen gar nicht mehr Chef werden wollen. 52 Prozent der Befragten glauben, dass die Absolventen heute weniger gerne Führungsverantwortung übernehmen als die Berufseinsteiger vor zehn oder 20 Jahren. Und 71 Prozent meinen, dass die Jungen heute nicht mehr bereit sind, berufliche Ziele über private Belange zu stellen. Die Wirtschaftsführer halten meine Generation also für unambitioniert, willensschwach und karrierefaul.

»Was den jungen Leuten fehlt«, sagt Frey, »ist die Bereitschaft, die Extra-Meile zu gehen, Opfer zu bringen und sich zu quälen. Die Arbeit hat für sie nicht mehr den gleichen Stellenwert wie für uns.« Zum Schluss erzählt Frey von seinem Mitarbeiter, ein junger Mann Ende 20, der neulich zu ihm gekommen sei und mehr Gehalt verlangt habe. »Einverstanden, habe ich gesagt, aber dann soll er nicht sagen, dass er um 21 Uhr nach Hause gehen und das Wochenende frei haben will. So läuft das nicht.«

Nach dem Mittagessen mit Thomas Frey gehen mir seine Worte nicht aus dem Kopf: »Geld gegen Gefolgschaft«, »Opfer bringen«, »sich quälen«. Das sind nicht die Worte, die mir einfallen, wenn ich an meine Arbeit denke. Ich sehe in meinem Gehalt auch kein »Schmerzensgeld« und definiere meine Leistung nicht nach den Stunden, die ich im Büro verbringe. Gewiss, wenn die *Zeit* dienstags Redaktionsschluss hat und noch eine aktuelle Geschichte ins

Blatt drängt, bleibe ich auch bis Mitternacht oder länger in der Redaktion. Aber dafür fangen wir mittwochs dann später an. Und wenn ich am Wochenende einen Artikel fertig schreibe, mache ich unter der Woche auch mal früher Schluss. Ich liebe meinen Beruf, aber ich liebe auch mein Leben außerhalb der Arbeit.

Bin ich unambitioniert, wenn ich Arbeit danach bewerte, ob sie mir Spaß macht, und nicht danach, wie viele Opfer ich dafür bringe? Bin ich karrierefaul, weil ich keinen Job anstrebe, für den ich mich quälen muss? Stimmt es, was die Wirtschaftsführer insgeheim über meine Generation denken: Sind wir wirklich weniger leistungsbereit als unsere Eltern und Großeltern?

Nein, das glaube ich nicht. Wir sind keine Karriereverweigerer, wir definieren Karriere bloß anders. Bisher wurde Leistung mit Aufstieg belohnt, und Aufstieg bedeutete in der Regel Führungsverantwortung. Wer gut war in seinem Job (oder sich gut verkaufte), bekam ein eigenes Team, dann eine eigene Abteilung, einen eigenen Bereich, eine eigene Sparte, und irgendwann saß er in der Geschäftsleitung. Beförderung hieß mehr Verantwortung, mehr Macht, mehr Mitarbeiter. Karriere wurde über die Zahl der Untergebenen definiert.

Junge Leute wollen heute zwar Verantwortung übernehmen, aber nicht mehr unbedingt führen. Sie sind an der Sache interessiert, nicht an der Macht. Viele halten eine Führungsposition gar nicht mehr für erstrebenswert. Sie möchten sich lieber fachlich weiterentwickeln in einer Position, die ihnen mehr Freiheiten und mehr Zeit fürs Private lässt.

Ein paar Unternehmen reagieren bereits. Der Versicherungskonzern Generali Deutschland etwa bietet ein dreigliedriges Modell an, in dem Beschäftigte eine Führungs-, Projekt- oder Expertenlaufbahn verfolgen können. Alle drei Karrieren sind gleichwertig und werden auch in gleicher Weise honoriert. Wer führen will, wird Manager. Wer gut ist im Koordinieren, macht Projektarbeit. Wer eine

Materie durchdringen möchte, wird Spezialist für Kapitalmarktanlagen.

Bei Bosch ist man auf die Spezialisten geradezu angewiesen. Sie sorgen für Innovationen und dafür, dass der Automobilzulieferer regelmäßig den Spitzenplatz bei den Patentanmeldungen belegt. Das gelingt nur, wenn sich Wissenschaftler und Techniker in bestimmten Phasen voll auf ihre Arbeit konzentrieren können und nicht noch nebenbei eine Abteilung managen müssen. Auch Bosch bietet neben der Führungskarriere eine Fach- und Projektlaufbahn an und ermutigt seine Mitarbeiter, zwischen den Karrierewegen auch mal zu wechseln.

Meine Generation folgt im Beruf nicht mehr unbedingt einem geradlinigen Weg, sondern geht verschlungene Pfade, schert auch aus oder macht einen Umweg. Wir wollen nicht schnellstmöglich zum Ziel gelangen, weil wir langfristig gar keines haben. Der Weg ist unser Ziel. Fragt man Berufseinsteiger, welche Faktoren für die Jobwahl ausschlaggebend waren, dann stehen »interessante Arbeitsinhalte« in Umfragen ganz weit vorne. Wir streben nach einer Arbeit, die spannend ist, Abwechslung bietet und Sinn stiftet. Welche besseren Motivatoren gibt es, sich im Job zu engagieren? Ist das faul? Nein, das ist schlau!

Junge Arbeitnehmer verfolgen vielleicht auch deshalb keine Turbokarriere, weil sie wissen, dass sie mit ihren Kräften haushalten müssen. Wer heute ins Berufsleben startet, findet andere Bedingungen vor als noch die Generation unserer Eltern. Wir wissen, dass wir in der Arbeitswelt noch sehr lange durchhalten müssen. Die Rente mit 67 ist beschlossen, und Experten gehen davon aus, dass Akademiker, deren Schreibtischkörper nicht unter physischer Arbeit verschleißen, künftig bis 70 oder 75 arbeiten werden.

Der Weg bis zur Rente erscheint uns wie ein Marathon, und wir haben noch nicht einmal die ersten 500 Meter geschafft. Jeder Läufer weiß, dass, wer sich am Anfang verausgabt, spätestens bei Kilometer 32 gegen eine Wand läuft. Dann sind die Glykogenspeicher leer, und es kommt der gefürchtete Mann mit dem Hammer. Wer von Anfang an am Limit läuft, kommt nicht ans Ziel. Wir wollen den Mann mit dem Hammer meiden und nicht mit 50 körperlich oder seelisch ausgebrannt sein, so wie viele unserer Väter. Deshalb legen wir ab und zu eine Verschnaufpause ein. Das ist nicht faul, das ist ziemlich vernünftig, denn im Grunde sorgen wir dafür, dass unsere Arbeitskraft noch lange erhalten bleibt. Karriere bedeutet für uns auch, unbeschadet in den Ruhestand zu kommen.

Dass meine Generation weniger leistungsbereit ist, das geben Untersuchungen übrigens gar nicht her. Soziologen beobachten sogar, dass Werte wie Leistung und Sicherheit seit Mitte der 1990er-Jahre bei der jüngeren Generation wieder enorm an Bedeutung gewinnen. Manche sprechen von einer regelrechten »Leistungsexplosion«. In der Shell-Studie etwa, die Deutschlands Jugend seit den 1950er-Jahren alle paar Jahre neu vermisst, stehen die Tugenden Fleiß und Ehrgeiz bei den Jungen seit einigen Jahren besonders hoch im Kurs. In der jüngsten Studie von 2010 war die Leistungsbereitschaft unter den 12- bis 25-Jährigen die höchste, die je gemessen worden ist.

Den Beweis liefern unsere Lebensläufe. Mehr Leute denn je machen Abitur oder einen mittleren Abschluss, und sie studieren kürzer, zielgerichteter und effizienter. Die Uni-Gammler, die sich nach 20 Semestern zum ersten Mal eine Prüfungsordnung ansehen, scheinen ausgestorben wie der Archäopteryx. »Null Bock« ist für meine Generation ein Fremdwort. Wenn wir eine Auszeit nehmen, dann, um in buddhistischen Klöstern Englisch zu unterrichten oder in Ghana Brunnen zu bohren. Unsere Lebensläufe sind prall von Praktika, Kursen, Auslandsaufenthalten und sozialen Engagements. Wir fordern nicht nur unsere Arbeitgeber, wir verlangen auch uns selbst einiges ab.

Das führt zu einer Mischung aus Engagement und Selbstoptimierung, aus Verspieltheit und Ernst. Dieser Trend entfaltet sich in der Hamburger ABC-Straße aufs Eindrucksvollste. Am Haus Nummer 19 leuchten sechs knallbunte Buchstaben: Google. Hinter der Fassade verbirgt sich die Deutschland-Zentrale der weltgrößten Suchmaschine. 350 Leute arbeiten hier, im Schnitt sind sie 35 Jahre alt. Google, das ist der obere Rand der Generation Y. Hier hat sie sich ihr eigenes Biotop erschaffen, eine Mischung aus Disneyland und Management.

In Riesenstrandkörben finden Videokonferenzen statt. In nachgebauten Flugzeugkabinen Besprechungen. Gänge sehen aus wie U-Bahnhöfe. Mittendrin steht eine Bar mit gekühltem Bier und einem Flachbildfernseher, auf dem den ganzen Tag Sport aus aller Welt übertragen wird. Es gibt einen eigens eingerichteten Musikraum, in dem man Karaoke singen, und einen Pool, wo man in Schaumstoffwürfeln baden kann. Dreimal die Woche kommt ein Masseur, im Fitnessstudio findet Yoga, Hip-Hop oder Boxen statt. Alles während der Arbeitszeit. Alles kostenlos. Regelmäßig wählen internationale Hochschulabsolventen Google zum beliebtesten Arbeitgeber.

Ich bin heute nicht hier, um in Schaumstoffwürfeln zu sitzen, sondern um Eva Krüger zu treffen. Eva duzt mich sofort, so wie bei Google jeder jeden duzt. Sie ist 28, hat Medien- und Kommunikationswirtschaft studiert und anschließend im Onlinemarketing beim Hamburger Verlag Gruner + Jahr gearbeitet. Heute hilft sie Kunden aus der Modebranche, ihre Werbeanzeigen bei Google zu platzieren. Eva nimmt mich mit in die Kantine, in der für Google-Mitarbeiter morgens ein Frühstücksbüfett mit eigenem Koch bereitsteht und mittags ein Drei-Gänge-Menü, auch das natürlich kostenlos.

Wir stellen uns in die Schlange, vor und hinter uns lauter um die 30-Jährige. Bei Google lässt sich die Generation Y wie durch ein Brennglas beobachten. Die Frauen tragen legere Kleidung, die in Läden gekauft wurde, wo auch Bequemes teuer ist. Viele Männer haben sich einen Dreitagebart stehen lassen – aus gepflegter Absicht und nicht als Zeichen der Zeitnot. Die Generation Y isst gern Köttbullar mit Preiselbeerkompott und Kartoffelpüree oder Asia-Gemüse aus dem Wok. Das gibt es heute in der Google-Kantine. Dazu frisch abgefüllten naturtrüben Apfelsaft aus dem Alten Land. Wir setzen uns auf schwere Holzbänke, die eher in ein Szenelokal passen als in eine Betriebskantine. Bei Google ist selbst das Essen ein Event.

Ich frage Eva, ob hier überhaupt gearbeitet wird. »Wir sind kein Vergnügungspark. Wir alle haben unsere Ziele, die wir uns quartalsweise stecken und die wir auch erreichen wollen«, sagt sie. »Aber wenn ich mich wohlfühle, profitiert davon die Firma.« Alle bei Google entfalten großen Ehrgeiz, fürs Spielen bleibt wenig Zeit. Eva sagt: »Ich werde hier nicht fürs Sitzen bezahlt, sondern für meine Kreativität.« Deshalb tanzt und boxt sie jetzt auch nicht im Fitnessraum, sondern hat gleich ihren nächsten Call.

Wenn Arbeit und Spiel verschmelzen, frage ich, entsteht dann nicht ein perfektes System der Selbstausbeutung? Steckt hinter der knallbunten Spielewelt nicht ein knallharter Weltkonzern? Eva empfindet das nicht so. Wenn sie von der Arbeit spricht, dann schwärmt sie vom »Google-Spirit« und dieser erfreulichen »Ja-Mentalität« um sie herum. »Work is not a job«, sagt sie. Die Arbeit ist für sie mehr als ein Job, sie ist Teil ihrer Persönlichkeit. Deshalb kann Eva auch nicht sagen, wie viele Stunden pro Woche sie arbeitet oder wo genau die Grenze zwischen Arbeit und Leben verläuft. Im Büro führt sie private Gespräche, und im Privatleben beantwortet sie Mails von Kunden. Dass Beruf und Freizeit verschmelzen, macht ihr nichts. Denn ihre Arbeit macht ihr Spaß. Wäre doch schlimm, wenn sie erst nach Dienstschluss Spaß haben könnte, sagt sie.

Deshalb vertreibt Eva bei Google auch nicht bloß Anzeigen. In ihrer Freizeit setzt sie sich für ein ganz persönliches Projekt ein. Sie will das mobile Google-Betriebssystem Android so konfigurieren, dass es auch Blinde, Sehbehinderte und ältere Menschen benutzen können. Mit einem Klick sollen diese Nutzer ihr Handy auf einen Betriebsmodus umstellen können, der genau auf ihre Bedürfnisse zugeschnitten ist. Der Markt sei riesig, sagt Eva, gerade in Entwicklungs- und Schwellenländern. Allein in Indien lebten 100 Millionen Blinde und Sehbehinderte, so viele wie nirgendwo sonst auf der Welt. Weil viele Menschen sich keinen Computer leisten können, läuft dort alles übers Mobiltelefon.

Eva entwickelte die Idee zum Blinden-Handy zusammen mit einem Kollegen, der die Software für einen Prototyp schrieb. Dann ging sie für einen Monat nach Indien, um im Google-Büro in Hyderabad zu arbeiten. Anschließend opferte sie eine Woche ihres Jahresurlaubs, um Blindenforscher und Sehbehinderte zu treffen. Das Projekt läuft gut, erzählt Eva. Mehr darf sie nicht verraten.

Eva stellt ihr Tablett auf den Geschirrwagen, sie muss zum nächsten Termin. Bevor sie geht, gibt sie mir noch einen Zettel mit. Sie habe einmal aufgeschrieben, worauf es ihr bei der Arbeit ankommt und was sie motiviert, sagt sie. Auf dem Zettel steht: »Als ich 2004 die Schule verließ, wusste ich nicht, in welche Richtung mich mein Studium und Leben tragen würden. Ich hatte nur sehr viel Tatendrang in mir und wollte etwas bewegen, etwas verändern. Ich war bereit, all meine Energie und Zeit einer Tätigkeit zu widmen, aber ich hatte dabei nicht Erfolg oder Karriere im Sinn, sondern das idealistische Ziel, etwas Sinnvolles zu tun und etwas Nachhaltiges zu schaffen.

Ich wünschte mir eine Aufgabe, mit der ich mich identifizieren kann. Ein Umfeld, das meine Werte teilt und in dem ich mich ausleben und wohlfühlen kann; in dem ich von Menschen umgeben bin, die auf ihre Art alle unterschiedlich und interessant sind, doch in einem Punkt alle gleich denken: *Work is not a job.* Ich suchte ein Umfeld, in dem jeder Kollege seine individuellen Stärken und Ziele hat, aber Begeisterungsfähigkeit, Leidenschaft und Einsatz alle verbinden; in dem niemand die Bodenhaftung verliert, sondern jeder stets neugierig bleibt und in allem und jedem etwas Besonderes und Interessantes erkennt.«

Schreibt so jemand, der nichts leisten will? Auf den die Bezeichnung »faul« zutrifft? Nein, so schreibt jemand, der sich, wenn die Rahmenbedingungen passen, weit über das verlangte Maß hinaus anstrengt. Der sich in seiner Freizeit Gedanken macht, welchen Beitrag er für die Firma und die Gesellschaft leisten kann.

Meine Generation ist nicht faul, sie ist nur kompromissloser. Man könnte auch sagen: Wir sind bedingt leistungsbereit. Wenn uns ein Projekt Spaß macht und wir einen Sinn darin sehen, kennen wir keinen Feierabend, dann opfern wir auch das Wochenende. Wenn wir von einer Sache wirklich überzeugt sind, dann hängen wir uns voll rein. Aber dafür erwarten wir Anerkennung und Wertschätzung und wollen an ruhigen Tagen auch mal um fünf Uhr nach Hause gehen können. Wir sind eine Generation, die schwierig zu rekrutieren, zu pflegen und zu halten ist, aber wir sind auch, wenn das Umfeld passt, die vielleicht leistungsbereiteste Generation aller Zeiten.

Wer uns Faulheit vorwirft, hat nicht verstanden, dass wir Leistung anders definieren. Wir verstehen darunter nicht nur das, was wir im Beruf bewegen. Wir beziehen den Begriff auf unser gesamtes Leben, in dem es für uns darum geht, »etwas Sinnvolles zu tun und etwas Nachhaltiges zu schaffen«, wie Eva Krüger es formuliert. Das gilt nicht nur für die Arbeit. Wir übertragen die Suche nach Sinn und Bedeutung auch auf andere Bereiche unseres Lebens: Dem Partner den Rücken frei halten, der Tochter ein Baumhaus bauen, sich für die Eltern Zeit nehmen, einen Marathon laufen – auch das sind für uns »Leistungen«, die wir auf unserem Lebenskonto verbuchen und über die wir uns definieren.

Wenn wir ein Problem mit Leistung haben, dann eher mit einem Zuviel als mit einem Zuwenig. Schon früh waren wir einem Leistungsdruck ausgesetzt, wie ihn frühere Generationen nicht kannten. Schon in der Grundschule wurde uns eingeimpft, dass Fleiß und Ehrgeiz unerlässlich sind, wenn später einmal etwas aus uns werden soll. Wer gute Noten schrieb, den nannten wir zwar einen Streber, aber insgeheim beneideten wir ihn. Wir paukten fürs Abi, um einen ordentlichen Studienplatz zu ergattern, im Studium sammelten wir Praktika, um im Job optimale Startbedingungen zu haben. Und was für frühere Generationen der Volkswandertag war, ist für meine Generation der Marathon. Ohne Schweiß kein Preis. Wir sind eine Generation aus Selbstoptimierern. Oder wie der *Spiegel* in einem Schwerpunkt über uns schreibt: »Der Angehörige dieser Generation, das ist die Schwierigkeit, muss eigentlich in jeder Hinsicht perfekt sein. (…) Nicht nur Karriere machen, auch toll aussehen, sich mit Musik auskennen, Partys feiern, den Körper stählen, sexuell performen und dann noch einen Partner finden, der so perfekt zu sein hat, wie man es selbst gerne wäre.«

Manchmal wünsche ich mir, wir wären etwas weniger leistungsbereit. Oder einfach mal faul.

10 / WIR SIND UNS TREU

Gibt es das, dass ein Mitarbeiter einfach aufsteht, geht und nicht mehr wiederkommt? Nein? Dem Manager eines US-Finanzdienstleisters ist es passiert. In einer E-Mail, die Jason Ryan Dorsey in seinem Buch *Y-Size Your Business* veröffentlicht hat, beschreibt dieser Vorgesetzte sein Erlebnis:»Ich arbeite bei einem großen und sehr traditionellen Vermögensverwalter. Jeder hier trägt Anzug und Krawatte, die Büros bieten einen schönen Ausblick und an den Wänden hängt teure Kunst. Man kann sagen, dass der Film *Wall Street* unsere Firma gut widerspiegelt.«

Und weiter schreibt er:»Am Dienstag und Mittwoch dieser Woche war ich geschäftlich unterwegs und den ganzen Tag nicht im Büro. Ich versuchte mehrmals, meine Assistentin, ein Mitglied der Generation Y, zu erreichen – vergeblich. Einen ganzen Tag nicht mit ihr zu sprechen ist sehr ungewöhnlich, aber zwei Tage am Stück keinen Kontakt zu haben, das hat es noch nie gegeben. Sie scheint ja ständig diesen Sprechhörer am Ohr zu tragen.

Als ich am Donnerstagmorgen wieder im Büro war, kam eine andere Ypsilonerin aus meinem Team in mein Zimmer, schloss vorsichtig die Tür und flüsterte: ›Ich muss mit Ihnen sprechen.‹ Sie erzählte mir, dass meine Assistentin am Dienstagmorgen ganz normal zur Arbeit gekommen sei, bis sie gegen zehn Uhr mit Handtasche und Mantel das Büro verlassen habe. Die Kollegen dachten, sie hole sich nur einen Kaffee, was sie um diese Zeit häufig tue. Doch diesmal kam sie nicht wieder zurück. Später informierte sie den Büromanager per E-Mail, dass sie nicht länger für uns arbeiten werde.«

Der Manager war so fassungslos, dass er seine Ex-Assistentin mehrmals auf dem Handy anrief. Nachdem er zwei Nachrichten hinterlassen und erklärt hatte, dass er nicht sauer sei, rief die junge Frau schließlich zurück. Er fragte sie, was passiert sei, warum sie einfach gekündigt habe, ohne eine Nachricht zu hinterlassen, ohne Erklärung, ohne nichts?

Ihre Antwort: »Ich habe es einfach nicht gefühlt.«

»Was heißt das?«, fragte der Manager. »Wer kündigt einen Job mitten am Tag, weil er es ›einfach nicht fühlt‹«? Doch das war die einzige Erklärung, die die junge Frau abgab. Zum Schluss erzählte sie ihrem Ex-Chef noch, dass sie gerade eine Reise nach Mexiko gebucht habe. Für drei Monate.

Alltagsflucht kennt man bisher eher von Männern in der *Midlife-Crisis*, die nur schnell Zigaretten kaufen wollen und nie mehr gesehen werden. Laufen nun auch junge Assistentinnen mit dem Kaffeebecher in der Hand der Arbeit buchstäblich davon?

Gewiss, das Beispiel ist extrem, doch ein Vorwurf, der meiner Generation häufig gemacht wird, lautet: Sobald uns ein Job nicht mehr passt, sind wir weg, und zwar schneller, als der Chef gucken kann. Wir fühlten uns unserem Arbeitgeber nicht verpflichtet, fragten immer nur, was das Unternehmen für *uns* tun kann, und wenn das nicht genüge – kündigten wir. Manager klagen, wir seien wankelmütig und flatterhaft. Wir würden, anstatt uns durchzubeißen, beim geringsten Widerstand aufgeben. Sie halten uns für moderne Nomaden, die von einem Job zum nächsten ziehen, angetrieben vom immerwährenden Zweifel: Macht der Job mich glücklich? Gibt es nicht etwas Besseres?

Stimmt das wirklich? Sind wir eine Generation von treulosen Wanderarbeitern, die immer dort hinziehen, wo sie gerade das größte Glück erwarten? Die Zahlen scheinen das zunächst zu belegen. Laut dem Institut für Arbeitsmarkt- und Berufsforschung (IAB) bleibt der Deutsche im Schnitt 10,8 Jahre beim gleichen Arbeitgeber. 1992 waren es 10,3 Jahre. Die durchschnittliche Beschäftigungsdauer hat sich in den vergangenen 20 Jahren also kaum verändert. Daran haben auch Minijobs, Befristungen und Leiharbeit im Ganzen nichts geändert. Die große Mehrheit der Arbeitnehmer in Deutschland hat einen stabilen Arbeitsplatz und wechselt nur selten das Unternehmen. Dass das Normalarbeitsverhältnis in hiesigen Unternehmen ausstirbt, ist ein von Linken und Gewerkschaften kolportierter Mythos. 2,1 Millionen mehr sozialversicherungspflichtige, unbefristete Vollzeitstellen außerhalb der Leiharbeit zählt das Statistische Bundesamt seit 2006, als die Hartz-Reformen bereits wirkten. Der Turbo-Arbeitsmarkt, auf dem Beschäftigte ihren Arbeitsplatz wechseln wie ihre ausgelatschten Schuhe, ist für die Mehrheit der Deutschen eine Mär.

Es gibt eine Gruppe, bei der es anders ist: die Generation Y. Die unter 30-Jährigen, das hat man ebenfalls beim IAB ausgerechnet, bleiben im Schnitt nur noch 18 Monate bei einem Arbeitgeber, in den 1980er-Jahren waren es noch 27 Monate. 18 Monate, das sind eineinhalb Jahre, das reicht gerade, um die Nachnamen der Kollegen zu lernen und herauszufinden, wen man anruft, wenn der Drucker mal wieder spinnt.

Vielleicht sind die 18 Monate untertrieben, die Zahl halten manche Experten tatsächlich für zu niedrig (eine andere Statistik für Deutschland gibt es leider nicht). Doch unbestritten ist, dass die Verweildauer in Unternehmen bei jungen Beschäftigten tendenziell abnimmt. Es leuchtet mir aus einem einfachen Grund ein: Meine Generation ist mit allem später dran als frühere Generationen. Wir ziehen später zusammen, gründen später eine Familie, werden später sesshaft – alle großen Lebensentscheidungen verschieben sich nach hinten.

Wer sich immer später an einen Partner, eine Familie, ein Eigenheim bindet, der ist eben auch im Beruf länger flexibel und kann leichter die Stadt, das Land oder den Arbeitgeber wechseln. Wir sind mobiler als frühere Generationen und verweilen auch deshalb kürzer bei einem Unternehmen. Ich habe seit meinem Studium in drei Städten gewohnt und bin, bis mein Mann nach Hamburg zog, jahrelang am Wochenende nach München gependelt. Wir sind nicht nur im Job mobil, wir sind auch die Generation Fernbeziehung.

Verschiedene Arbeitgeber zu haben ist für meine Generation ganz normal. Nicht normal wäre es hingegen, ein Leben lang für die gleiche Firma zu arbeiten. Das geht zum Beispiel aus der Studie der Ashridge Business School hervor, in der britische Berufseinsteiger gefragt wurden, wie lange sie glaubten, bei ihrem derzeitigen Unternehmen zu bleiben: 57 Prozent der Befragten erwarten, ihren Arbeitgeber innerhalb der nächsten zwei Jahre zu verlassen, und 40 Prozent gehen davon aus, dass sie schon innerhalb eines Jahres weg sein werden. 16 Prozent wollen sogar so schnell wie möglich den Job wechseln.

Zu einem ähnlichen Ergebnis kommt eine internationale Studie von PricewaterhouseCoopers. Die Wirtschaftsprüfer fragten mehr als 4000 Hochschulabsolventen aus 75 Ländern, wie viele Arbeitgeber sie während ihres Berufslebens einmal haben werden. Das Ergebnis: Nur vier Prozent gehen davon aus, dass sie ihr ganzes Berufsleben bei einem Unternehmen verbringen werden. Mehr als die Hälfte der Befragten stellt sich auf zwei bis fünf verschiedene Arbeitgeber ein, jeder Vierte erwartet gar, für sechs oder mehr Unternehmen zu arbeiten.

Diese Zahlen lassen meine Generation wie eine Truppe treuloser Nomaden aussehen. Es scheint, als wechseln wir den Arbeitgeber wie unsere Handys, spätestens nach zwei Jahre verlangen wir nach einem neuen Modell. Für Generationen vor uns war es ganz normal, das ganze Berufsleben bei einer Firma zu verbringen. Viele wurden von dem Unternehmen in Ruhestand verabschiedet, bei dem sie einst in die Lehre gingen. Und es gibt diese Urgesteine heute noch. Ich bekomme immer wieder Mails von Kollegen, die sich nach 38, 42 oder 45 Jahren bei der *Zeit* in den Ruhestand verabschieden und zum abschließenden Umtrunk einladen, bevor sie den endlosen Urlaub antreten. Wow, denke ich jedes Mal, als sie hier anfingen, da wurde unsere Zeitung noch auf Blei gedruckt. Unglaublich!

Jahrzehntelang beim gleichen Unternehmen zu arbeiten, das kann sich meine Generation nicht vorstellen. Ein Job auf Lebenszeit? Gibt es für uns nicht. Und das liegt nicht nur an uns, sondern auch daran, dass ein jahrelanges Versprechen heute nicht mehr gilt. Es lautete: Der Arbeitnehmer ist der Firma treu zu Diensten, dafür garantiert der Arbeitgeber ihm lebenslange Beschäftigung. Dieser Pakt wurde vor langer Zeit aufgekündigt, und zwar nicht von uns, sondern von den Unternehmen.

Wenn meine Generation heute in die Berufswelt startet, dann meist mit einem Arbeitsvertrag, der ein Verfallsdatum trägt. Immer häufiger bieten Unternehmen Berufseinsteigern befristete Stellen an. Die Statistiken zeigen, dass 2001 noch weniger als jede dritte Neueinstellung befristet war, zehn Jahre später ist es fast jede zweite. Selbst bei den Akademikern kommt jeder dritte erst einmal befristet in Arbeit. Unter den unter 35-Jährigen gibt es viermal so viele befristet Beschäftigte wie unter den über 50-Jährigen. Die Jobs meiner Generation sind Jobs auf Zeit.

Wir haben erkannt, dass ein Unternehmen, bei dem wir mit 15, 20 oder 30 Jahren einsteigen, nicht bis zur Rente für uns sorgen wird. Das verändert auch unsere Bindung zum Arbeitgeber. Unsere Eltern und Großeltern trugen noch T-Shirts, Mützen und Rucksäcke mit dem Firmenlogo ihres Arbeitgebers drauf. Sie gingen zum Betriebssport, und am Feierabend kegelten sie mit Kollegen. Bergarbeiter wohnten in Zechenkolonien, Eisenbahner gründeten Eisenbahnvereine. Der Großvater meines Mannes baute einst Fernsehtürme für die Deutsche Bundespost und fuhr mit seiner Frau auf Urlaubsreise, die der einstige Staatsmonopolist organisiert hatte. Die Firma war wie eine zweite Familie.

Unsere Eltern und Großeltern glaubten noch an den alten Pakt. Meine Generation hingegen hat gelernt, dass sich Loyalität nicht unbedingt auszahlt, zumindest nicht in Beschäftigungssicherheit. Wir sind die erste Generation, die auf den Arbeitsmarkt kommt und keine Jobsicherheit erwartet. Wir gehen nicht davon aus, in einem Unternehmen fünf runde Geburtstage zu feiern, und nein, wir wollen uns zum Ruhestand auch keine goldene Nadel für 50 Jahre Betriebszugehörigkeit ans Revers heften lassen. Ja, wir sind bereit, unseren Job zu kündigen, wenn »wir es nicht mehr fühlen« und zwar morgen und ohne Vorwarnung.

Das heißt aber nicht, dass wir uns nicht nach einem festen Job sehnen. Im Gegenteil: In sämtlichen Untersuchungen zu diesem Thema legen gerade die Jüngeren großen Wert auf einen sicheren Arbeitsplatz. Nur glauben wir nicht mehr daran, dass es ihn tatsächlich gibt, wir sind noch nicht einmal sicher, wer wen überdauern wird – das Unternehmen uns oder wir das Unternehmen. Es ist paradox: Obwohl wir fest davon ausgehen, bis zur Rente für mehrere Unternehmen zu arbeiten, ist ein fester, unbefristeter Arbeitsplatz unser erklärtes Ziel – allerdings verbunden mit der heimlichen Gewissheit, jederzeit wieder gehen zu können.

Macht uns das zur illoyalsten Generation aller Zeiten? Nein, das Gegenteil ist der Fall: Wenn uns ein Arbeitgeber überzeugt, dann tun wir alles für ihn. Glauben wir an seine Mission, sind wir ihm treu ergeben. Wir machen nur weniger Kompromisse. Wir stellen Bedingungen, und werden sie nicht erfüllt, gehen wir ohne Schmerz. Wenn wir aber bleiben, dann mit ganzem Herzen. Dann verzichten wir auf Gehalt, um dem Unternehmen selbstverständlich durch die Krise zu helfen.

Oder wir schlagen lukrative Angebote von Wettbewerbern aus. In manchen Start-ups machen sich junge Mitarbeiter einen Spaß daraus, ihre besser bezahlten Jobofferten an eine Pinnwand zu heften und sie als Dartscheibe zu benutzen.

Eine gute Freundin lehnte neulich das Angebot eines Pharmakonzerns ab, der ihr deutlich mehr Gehalt bot als ihr derzeitiger Arbeitgeber, ein Marktforschungsinstitut. Sie sagte auch deshalb ab, weil sie ihr Team nicht hängen lassen wollte. Sie fühle sich ihrem Arbeitgeber verbunden und arbeite gerne für ihn, erzählte sie mir. Und obwohl meine Freundin inzwischen ein eigenes Team führt und mehr Verantwortung hat, verzichtete sie sogar auf die eigentlich fällige Gehaltserhöhung, weil das für ihren Arbeitgeber momentan nicht drin sei. Für mich zeigt das zweierlei: Geld ist für meine Generation nicht alles. Und wenn das Umfeld stimmt, sind wir extrem loyal.

Nur definieren wir Treue anders als frühere Generationen: Wir messen Loyalität nicht daran, wie lange wir bei einem Arbeitgeber bleiben, sondern daran, wie sehr wir uns in dieser Zeit für ihn ins Zeug legen. Treuepunkte vergeben wir anhand unserer Leistung und nicht anhand der Jahre, die wir – physisch anwesend – bei einem Unternehmen absitzen. Manche gehen sogar so weit, zu sagen, es sei illoyal, bei einem Unternehmen zu bleiben, wenn der Job keinen Spaß mehr macht. Wenn wir für eine Sache nicht mehr brennen, halten wir es für fairer, zu kündigen, anstatt lustlos und übellaunig das Betriebsklima zu vergiften.

Dieses veränderte Verständnis von Loyalität mündet in einem neuen Vertrag zwischen Arbeitgeber und Arbeitnehmer. Es geht nicht mehr darum, die Treue des Arbeitnehmers gegen das Versprechen des Arbeitgebers auf lebenslange Beschäftigung aufzuwiegen. An die Stelle des »sozialen Vertrags« tritt ein »psychologischer Vertrag«, wie das Jutta Rump und Silke Eilers vom Institut für Beschäftigung und Employability in Ludwigshafen in ihrem Buch über die Generation Y nennen: »In einem psychologischen Vertrag bindet der Arbeitgeber (…) die passenden Mitarbeiter für einen definierten Zeitraum an sich. Der Arbeitnehmer geht nur mit demjenigen Unternehmen einen Vertrag ein, das seine Kompetenzen aktuell nachfragt und vor allem wertschätzt. Dieser psychologische Vertrag führt zu einer beiderseitigen Ökonomisierung des Loyalitätsbegriffs und damit letztendlich zu einer Partnerschaftsbeziehung zum Arbeitgeber, die auf gleicher Augenhöhe erfolgt.«

Das heißt: Beide Seiten müssen zueinanderpassen, für eine bestimmte Zeit, nicht für ein ganzes Leben. Wir fühlen uns an ein Unternehmen gebunden, solange wir dort arbeiten, nur denken wir nicht viel weiter voraus als die nächsten zwei, drei Jahre. Für die Dauer einer Beziehung sind wir treu, aber wir erheben keinen Anspruch auf Lebenslänglichkeit. Arbeit ist nicht unser Leben und der Job nur ein Lebensabschnitt.

Bei der Befragung der Ashridge Business School gaben 75 Prozent der Berufseinsteiger an, dass sie stolz darauf seien, für ihr Unternehmen zu arbeiten, fast ebenso viele würden ihren Arbeitgeber weiterempfehlen. Und 80 Prozent sagten, sie seien bereit, die »Extra-Meile« zu gehen, sich also über das verlangte Maß hinaus anzustrengen. Das heißt, solange wir von unserem Arbeitgeber überzeugt sind, sind wir treu, wenn wir zweifeln, ziehen wir bald weiter. Das macht uns zu engagierten Arbeitnehmern, die lieber ihren Job als ihre Motivation verlieren.

Früher hatten die Arbeitnehmer eine feste Stelle, waren aber abhängig vom Arbeitgeber. Meine Generation ist prekärer beschäftigt, dafür aber unabhängiger. Das macht uns viel freier darin, offen unsere Meinung zu sagen und unsere Ansprüche einzufordern. Denn wir haben weniger zu verlieren. Die Angst vor einem Jobwechsel, zumal wenn er freiwillig geschieht, schreckt uns viel weniger als frühere Generationen. Veränderung ist unser ständiger Begleiter. Für die Unternehmen bedeutet das, dass sie sich unsere Loyalität verdienen müssen. Um uns zu halten, müssen sie uns überzeugen – und zwar jeden Tag aufs Neue.

Was also können Unternehmen tun, um uns an sich zu binden? Wie machen sie uns zu langjährigen Mitarbeitern?

»Binden, ohne zu ketten«, lautet die Erfolgsformel für Thomas Sattelberger, den Personalexperten und früheren Telekom-Vorstand. Im bereits zitierten Interview für die *Zeit* antwortete Sattelberger auf die Frage, wie man diese Bindung erreiche: »Neben der wachsenden Demokratisierung sehe ich vier Entwicklungen, die Unternehmen vollziehen müssen: mehr Diversität, mehr Autonomie, mehr Solidarität, mehr Sinn.«

Was das konkret bedeute, fragte ich ihn.

»Erstens«, sagte Sattelberger, »Unternehmen müssen vielfältiger werden, nicht nur im Hinblick auf Alter, Geschlecht und die ethnische Herkunft ihrer Mitarbeiter, sondern auch bei den Führungsstilen und den Problemlösungsmustern. Nur so können sie die wachsende Vielfalt der Welt da draußen, aber auch drinnen, abbilden. Zweitens: Unternehmen müssen Freiräume schaffen, in denen die Mitarbeiter selbst über ihre Arbeit bestimmen können. Der Dirigismus, bei dem Zielfestlegungen generalstabsmäßig von oben nach unten kaskadiert werden, hat ausgedient. Drittens: Unternehmen müssen solidarischer werden …«

Aber, unterbrach ich ihn, sollte ein Unternehmen nicht in erster Linie wirtschaftlich erfolgreich sein?

»Das reicht nicht mehr aus, um die Mitarbeiter hinter sich zu versammeln«, entgegnete Sattelberger. »Solidarität bedeutet etwa, dass die riesige Kluft zwischen den Gehältern eines Bandarbeiters und eines Vorstands verringert wird. Künftig werden Firmen die Vergütung ihrer Spitzenmanager begrenzen. Und schließlich viertens: Unternehmen, die erfolgreich sein wollen, müssen Arbeit bieten, die Sinn stiftet. Der Mitarbeiter ist heute nicht nur ein Rollenträger, er möchte mit seiner Persönlichkeit zunehmend seine Arbeitswelt prägen.«

Mehr Diversität, mehr Autonomie, mehr Solidarität, mehr Sinn, so lautet die Treueformel. Ich glaube, es kommt noch ein fünfter Punkt hinzu: mehr Entwicklung. Unternehmen, die für meine Generation attraktiv sein wollen, müssen dafür sorgen, dass wir uns bei ihnen weiterentwickeln können. Wir wollen dazulernen. Denn an die Stelle von Jobsicherheit tritt für uns Karrieresicherheit. Das bedeutet, dass wir uns nicht so sehr dem Job verpflichtet fühlen als vielmehr unserer Karriere. Denn der Job geht, die Karriere aber bleibt. Lebenslanges Lernen ist das Mantra meiner Generation. Schon in der Schule hieß es: Seid flexibel, seid mobil und offen für Veränderungen! Nehmt nichts als selbstverständlich hin. Im Studium sagte man uns, dass wir Erfahrungen bei verschiedenen Arbeitgebern sammeln sollten, um nicht als unbeweglich zu gelten.

Wir wissen, dass eine einmal erworbene Ausbildung nicht ein ganzes Berufsleben trägt. Dafür ist die Wirtschaftswelt zu kurzlebig. Deshalb versuchen wir, die Voraussetzung für eine – wie Personalexperten sagen – »lebenslange Beschäftigungsfähigkeit« zu schaffen. Dafür müssen wir uns Kompetenzen aneignen, die uns für unterschiedliche Jobs bei unterschiedlichen Arbeitgebern befähigen. Das geht nur, wenn wir uns immerzu weiterentwickeln. Vom Arbeitgeber erwarten wir, dass er uns dabei unterstützt und uns Perspektiven eröffnet. Das kann ein Aufenthalt im Ausland sein, eine Jobrotation, bei der wir alle paar Monate einen anderen Posten durchlaufen, ein Training oder ein Coaching. Die Möglichkeit zur Weiterentwicklung ist für uns häufig attraktiver als etwas mehr Gehalt und ein höherer Bonus. Perspektive ist uns wichtiger als der Paycheck.

Wer uns halten will, muss auf unsere individuelle Lebenssituation eingehen. Er darf uns nicht mit einem Karriere-Masterplan kommen, denn der existiert für uns nicht. Fragt man die Mitglieder meiner Generation, wo sie sich in zehn Jahren sehen, zucken die meisten mit den Schultern. In zehn Jahren? Wir können uns ja noch nicht einmal vorstellen, was wir in fünf Jahren machen. Wir denken in Etappen, und dazwischen suchen wir möglichst viel Abwechslung und Freiheit – für die Kindererziehung, eine Weltreise, für einen Master-Abschluss oder ein Buchprojekt. Wir richten unser Leben nicht nach einem Karriereziel aus, sondern passen unsere Karriere der jeweiligen Lebensphase an.

Meine Generation arbeitet, wie sie konsumiert. Wie überall im Leben wollen wir auch beruflich die Wahl haben – zwischen verschiedenen Ländern, Branchen und Firmen. Zwischen Zeiten, in denen wir uns voll unserer Karriere widmen, und Phasen, in denen wir uns mehr um die Familie kümmern oder endlich die Doktorarbeit fertig schreiben.

Darauf können Unternehmen reagieren, indem sie uns beruflich neue Wege aufzeigen. Die Karrieren unserer Eltern verliefen wie ein Kaminrohr, es ging senkrecht nach oben. Unterwegs sahen sie kein Tageslicht und mussten viel Dreck schlucken, aber oben, hofften sie, dem Himmel nahe zu sein.

Unsere Karrieren hingegen gleichen eher einer Treppe, einem Mosaik oder einem Flickenteppich. Für uns geht es nicht schnurstracks, sondern allenfalls treppenförmig nach oben. Wir treten zwischendurch aus der Hierarchie heraus, machen ein Projekt, gehen in Elternzeit, zurück an die Uni oder für ein Stipendium ins Ausland. Anschließend kehren wir zurück und nehmen die nächste Treppenstufe, um dann erneut auszuscheren – je nach Lust und Lebensphase.

Oder wir machen eine Mosaikkarriere und wechseln den Arbeitgeber oder gleich die Branche. Ein junger Unternehmensberater kündigt seinen Job und gründet eine kleine Greentec-Firma. Eine Anwältin wechselt von einer Großkanzlei zu einer gemeinnützigen Organisation. Ein Lehrer gibt seine Beamtenprivilegien auf und steigt in der Firma seines Vaters ein. Warum auch nicht? Karrieresteinchen um Karrieresteinchen setzen diese jungen Leute ein Mosaik zusammen, ohne zu wissen, welches Bild am Ende herauskommt. Wer zusätzlich noch ein Sabbatical oder eine längere Elternzeit einlegt, bastelt an einer Patchworkkarriere.

Meine Generation macht sich die Welt, widdewidde wie sie ihr gefällt. Am Ende geht es für uns nur um eines: die Jahre, Wochen und Tage der Arbeit mit Erlebnissen zu füllen. Denn Erleben macht glücklicher als Haben.

11 / ERLEBEN MACHT GLÜCKLICHER ALS HABEN

Sein Name ist Pete, er lebt in Longmont, Colorado, und vor acht Jahren hat er beschlossen, in Rente zu gehen – mit 30 Jahren. Im Internet ist er bekannt als Mr. Money Mustache, dort betreibt er einen Blog, auf dem er erklärt, wie man glücklich lebt und nebenbei Geld spart, ohne verzichten zu müssen. Pete ist so etwas wie der Fahnenträger der *Early Retirement*-Bewegung. Deren Anhänger streben nach finanzieller Unabhängigkeit, um möglichst früh in Rente gehen zu können und Zeit zu haben für Dinge, die mehr Spaß machen als arbeiten. Petes Blog ist inzwischen so populär, dass er neuerdings Geld verdient. Fast eine halbe Million Menschen besuchen seine Seite jeden Monat.

Mr. Money Mustache hat eine Sache für sich erkannt: Erleben macht glücklicher als Haben. In annähernd 400 Blog-Einträgen beschreibt Pete, der – so viel Privatheit muss sein – seinen Nachnamen lieber verschweigt, wie man auch mit wenig Geld glücklich leben kann. Er praktiziert unseren Buchtitel längst in seinem Lebensalltag. Zufriedenheit, schreibt er, stelle sich nicht ein, wenn man im Luxus schwelge, sondern indem man sich Ziele stecke und daran persönlich wachse. Glück bedeutet für ihn nicht, Besitztümer anzuhäufen, sondern Zeit mit seiner Frau und seinem Sohn zu verbringen. Wahrer Luxus sei, Herr über seine Zeit zu sein.

Petes Ratschläge für ein gutes und einfaches Leben sind ebenso banal wie kostensparend: Nahe bei der Arbeit wohnen. Wann immer möglich Fahrrad fahren. Und wenn es doch nicht ohne Auto geht, dann nicht alle paar Jahre ein neues kaufen. Selber kochen, statt im Restaurant zu essen. Auf den täglichen Mitnahmekaffee verzichten. Ein gebrauchtes statt ein neues Handy kaufen. Das Haus dämmen, um Energie zu sparen. Die Klospülung selber reparieren, anstatt den Klempner zu rufen. Und das Wichtigste: Nur im Notfall Schulden machen!

Die Frage ist natürlich, wie Pete es sich leisten konnte, mit 30 Jahren Frührentner zu werden. Seine Geschichte ist nicht die eines reichen Erbes oder Lottogewinners, sondern die Geschichte eines Mannes, der immer sparsam war, um sich irgendwann, wie er schreibt, »den ultimativen Luxus« zu leisten: nicht mehr arbeiten zu müssen.

Aufgewachsen ist Pete in der kanadischen Provinz Ontario bei einer Familie, die bescheiden gelebt und »nicht viel Zeugs« gekauft habe. Er fängt früh an, sein eigenes Geld zu verdienen, als Junge trägt er Zeitungen aus, später jobbt er als Tankwart und in einem Lebensmittelladen. Bereits zu Schulzeiten legt Pete 5000 Dollar im Jahr beiseite. Als er mit 16 seinen Führerschein macht, kauft er sich kein Auto, sondern fährt weiterhin mit dem Fahrrad. Während des Informatikstudiums wohnt er bei seinen Eltern, um Miete zu sparen. Seine Ausbildung beendet er schuldenfrei, was in Nordamerika nur wenige schaffen.

Mit 25 zieht Pete in die USA und arbeitet als Softwareingenieur in Colorado. Dort lernt er auch seine spätere Frau kennen. Nach kurzer Zeit hat er genug gespart, um den ersten Abschlag für ein eigenes Haus zu bezahlen: 47 000 Dollar in bar. In den Folgejahren legen er und seine Frau, die ebenfalls in der IT-Branche tätig ist, fast 70 Prozent ihres verfügbaren Einkommens zurück – anfangs 4000 Dollar im Monat und als ihre Gehälter im Aufschwung der New Economy kräftig steigen, sogar 7000 Dollar.

Das Geld stecken sie in Aktien und Indexfonds und parken es auf Rentenkonten, wo es sich weiter vermehrt. Sie kaufen ein zweites Haus und vermieten das erste. Nach acht Jahren haben sie Rücklagen in Höhe von 600 000 Dollar gebildet. Genug, um davon leben zu können, beschließen sie – und kündigen ihre Jobs. Kurz darauf kommt ihr Sohn auf die Welt.

Acht Jahre ist das nun her. Ihr Lebensstil, sagt Pete, sei ziemlich normal geblieben. Sie leben weiterhin in einem großen Haus, besitzen ein Auto, Fahrräder, Computer und können dank Internetschnäppchen auch mal Urlaub auf Hawaii machen. Nur versuchen sie, jeden Lebensbereich so zu optimieren, dass er möglichst wenig Geld kostet. Das Auto benutzen sie so selten wie möglich, wenn immer es geht, fährt die Familie mit dem Fahrrad. Die Lebensmittel kommen vom Discounter (vor allem aus der Bioecke), und bei Ausflügen gibt es mitgebrachte Brote statt Fast Food. Neue Kleidung kaufen sie nur, wenn die alte abgetragen ist. Bücher leihen sie in der Bücherei. Das Haus hat Pete selbst renoviert – mit Materialien aus dem Anzeigenportal Craigslist, wo Privatpersonen Gebrauchtes günstig zum Kauf anbieten. Haushaltsgeräte und Spielzeug: ebenfalls von Craigslist.

Pete hat im Ruhestand nicht aufgehört zu arbeiten. In der Garage richtete er sich eine Werkstatt ein, wo er macht, worauf er Lust hat: tischlern, schreinern, renovieren. Er verdient sogar etwas Geld damit, aber er bestimmt selbst, wann und wie viel er arbeitet. Er schreibt: »Wenn du deinen Job kündigst, dann hast du so viel Energie, dass du mehr Dinge machen willst. Und wenn einige dieser Dinge zufällig Geld abwerfen, dann umso besser.«

Pete hat nichts gegen das Arbeiten an sich, er möchte nur nicht von einem Job abhängen. So wie Millionen von Arbeitnehmern, die in einem Teufelskreis gefangen sind: Je mehr sie arbeiten, desto mehr verdienen sie. Je mehr sie verdienen, desto mehr konsumieren sie, häufig als Belohnung für die harte Arbeit. Das Einzige, was immer knapper wird, ist Zeit. Deshalb lagern sie alle Arbeiten aus, die Zeit kosten – an die Putzfrau, an den Gärtner, die Hemden bringen sie zur Reinigung, und anstatt das Fahrrad selbst zu reparieren, geben sie es in die Werkstatt. Selbst ihre Hochzeit lassen sie von einem Wedding Planner organisieren. Für viel Geld kaufen sie sich Zeit. Häufig geben sie sogar mehr aus, als sie sich leisten können, und machen Schulden, was wiederum bedeutet, dass sie länger und härter arbeiten müssen, um sich weiterhin die Putzfrau, den Gärtner sowie zwei Autos leisten zu können. Der Kreislauf beginnt von Neuem.

Pete und seine Familie hingegen leben so bescheiden, dass sie sogar ohne festes Einkommen weiterhin Geld zurücklegen können – für den Notfall und die Ausbildung ihres Sohnes. Die Erträge aus den Fonds und Aktienpaketen reinvestieren sie. Sie leben allein von den Mieteinnahmen ihres ersten Hauses – das sind 25 000 Dollar im Jahr. Mehr brauchen sie nicht. 25 000 Dollar, das liegt nach US-Richtlinien nicht allzu weit über der Armutsgrenze für eine dreiköpfige Familie, doch für Pete und seine Familie reicht es, um alles zu haben, was sie brauchen. Es würde sie nicht glücklicher machen, mehr auszugeben, sagt er. Sie sind zufrieden mit dem, was sie haben.

Pete aus Colorado lebt ein Leben, das mir zu asketisch wäre. Die Vorstellung, heute schon Frührentnerin zu sein, finde ich schrecklich, und auch meine Bücher möchte ich lieber kaufen, statt sie zu leihen. Mr. Money Mustache lebt ein Extrem, doch die Grundhaltung dahinter teilt er mit meiner Generation: die Überzeugung, dass Status und Besitz allein nicht selig machen. Erleben stiftet uns mehr Glück als Haben.

Glücksstudien bestätigen das. Der Psychologe und Wirtschaftsnobelpreisträger Daniel Kahneman hat das in einem Interview mit dem Magazin *Süddeutsche Zeitung Wissen* einmal so formuliert:

»Glück erlebt man in Momenten, in denen man die Aufmerksamkeit auf etwas Angenehmes richtet. Ich kann mir zwar ein tolles, neues Auto kaufen, aber ich kann mich nicht über lange Zeit darauf konzentrieren, dass ich mit einem tollen Auto herumfahre. Es ist irgendwann nicht mehr neu, ich fahre jeden Tag damit und denke am Steuer an etwas anderes, an meine Arbeit oder an den Haushalt. Wer sein Glück vergrößern möchte, sollte sich mehr Momente verschaffen, in denen er auf etwas Schönes konzentriert ist. Mit Freunden zusammenzusitzen, fordert Konzentration, oder auch, seine Enkelkinder zu sehen. Wenn man mit den Enkelkindern zusammen ist, kann man nur schwerlich an etwas anderes denken.«

Erlebnisse erzeugen deshalb mehr Zufriedenheit als Besitztümer, weil sich der Mensch schnell an das Neue gewöhnt. Der neue Porsche, die neue Rolex, der neue Mahagoni-Wandschrank machen deshalb nur für kurze Zeit glücklich, während man sich auf Erlebnisse, auf den Ausflug mit der Familie oder das Abendessen mit Freunden länger konzentrieren kann – nicht nur einmal, sondern immer wieder. Die Freude an Dingen nutze sich schnell ab, argumentiert Kahneman, von sozialen Erlebnissen und kleinen Belohnungen zwischendurch habe der Mensch hingegen mehr. »Man sollte sein Geld also nicht für eine große Sache ausgeben, für ein teures Auto, eine Villa, sondern es in viele kleine Dinge investieren, die einen froh machen.« Kahneman rät: »Fahr in den Urlaub, verschenke Blumen, feiere Partys!«

Es sei die am weitesten verbreitete Illusion, zu glauben, man lebe in dauerndem Glück, wenn man reich ist, sagt der Psychologie-Guru. Zwar beurteilten viele Reiche ihr Leben insgesamt als sehr zufriedenstellend, wenn man sie danach frage. Aber tatsächlich dominierten Momente der schlechten Stimmung ihren Alltag: Wer viel verdient, nimmt mehr Arbeit und weitere Wege in Kauf. Er sitzt auf Dienstreisen stundenlang im Flugzeug oder im Auto, ein Umstand, der die Liste unangenehmer Tätigkeiten weltweit anführt.

Was hingegen glücklich macht: »Mit Menschen zusammen zu sein, die uns schätzen oder sogar lieben.« Im Interview erzählt Kahneman von Afrikanerinnen, die Wasserkrüge auf dem Kopf kilometerweit nach Hause tragen. Wir im Westen empfinden Mitleid mit diesen Frauen, weil wir hierzulande nur den Wasserhahn aufdrehen müssen. »Aber wenn wir genau hinschauen, sehen wir, dass dieses Wasserholen ein soziales Erlebnis ist, dass sich die Frauen unterhalten. Es sind wahrscheinlich sehr glückliche Momente.«

Übertragen auf die Berufswelt heißt das also, dass Erlebnisse und soziale Kontakte glücklicher machen als ein etwas besser bezahlter Job, der keine Freude bringt. Meine Generation hat das verinnerlicht. Wenn man uns fragt, ob wir mehr Geld oder mehr Zeit wollen, dann entscheiden wir uns häufig für mehr Zeit.

Nicht dass Geld uns nicht wichtig wäre, es ist uns sogar sehr wichtig, aber das Gehalt ist für uns das, was Arbeitswissenschaftler einen Hygienefaktor nennen: Er verhindert die Entstehung von Unzufriedenheit, trägt aber bei positiver Ausprägung auch nicht zur Zufriedenheit bei. Werden wir zum Beispiel schlechter bezahlt als andere, die nicht mehr oder sogar weniger leisten als wir, dann frustriert uns das enorm. Das Gehalt muss fair, angemessen und leistungsgerecht sein. Eine gute Entlohnung verhindert, dass wir unzufrieden sind, sie macht uns aber auch nicht originär zufrieden.

Mit Geld allein kann man meine Generation also nicht locken. Die Deutschen sind heute viel wohlhabender als noch vor 50 Jahren. Aber sind sie auch glücklicher? Wahrscheinlich nicht. Meine Generation hat kapiert, dass man Glück mit Geld nicht kaufen kann. Das ist keine neue Erkenntnis, der gewachsene Wohlstand ließ Menschen schon vor Jahrzehnten nach anderen Zielen streben als nach Geld. Aber meine Generation ist die erste, die diesen Wertewandel in die Berufswelt überträgt.

Wir suchen eine Arbeit, die uns Spaß macht und in der wir einen Sinn erkennen. Wir wollen einen Job, der etwas bewegt. Oder wenigstens einen, von dem wir glauben, dass er ein bisschen wichtig oder irgendwie bedeutungsvoll ist. Im Rahmen des Kelly Global Workforce Index wurden 100 000 Menschen aus 34 Ländern zu ihrer Arbeit befragt. Die Hälfte der 18- bis 29-Jährigen sagte, sie würden weniger Gehalt oder eine schlechtere Stellung akzeptieren, wenn ihre Arbeit zu einem größeren gesellschaftlichen Ziel beitragen würde. Natürlich kann nicht jeder ein Medikament gegen Krebs erforschen, an einem emissionsfreien Auto tüfteln oder eine Spendenplattform im Internet gründen. Nicht jede Arbeit ist bedeutungsvoll. Doch viele Menschen in meinem Alter möchten wenigsten einen kleinen Beitrag leisten. So erhebt meine Generation die Sinnhaftigkeit zum integralen Bestandteil des ökonomischen Lebens.

Das verändert die Wirtschaft. Wir wünschen uns Arbeitgeber, die soziale und ökologische Verantwortung übernehmen. Und die Unternehmen reagieren darauf. Inzwischen erstellt jede größere Organisation, die etwas auf sich hält, einen Nachhaltigkeitsbericht, in dem sie darüber informiert, was sie für die Umwelt und die Gesellschaft tut.

Die Firmen bieten ihren Beschäftigten auch Möglichkeiten, sich selbst zu engagieren. Die Beratungsfirma Accenture etwa hat sogenannte Development Partnerships eingerichtet, bei denen Mitarbeiter Organisationen in Entwicklungsländern bis zu einem Jahr mit ihrem spezifischen Know-how unterstützen können. Das Schweizer Geldhaus UBS spornt seine Beschäftigten an, ihre Zeit und Kenntnisse für gemeinnützige Projekte einzusetzen, und stellt sie dafür an bis zu zwei Tagen im Jahr frei. 2012 haben mehr als 12 000 Mitarbeiter über 110 000 Stunden Freiwilligenarbeit geleistet. Der Internetriese Microsoft ermuntert seine Mitarbeiter jedes Jahr zum Spendensammeln und verdoppelt die Beträge bis zu 15 000 Dollar pro Beschäftigtem. Seit Beginn des Programms vor 20 Jahren kamen mehr als eine Milliarde Dollar zusammen. Die Deutsche Post ruft einmal im Jahr zum *Global Volunteer Day* auf, bei dem sich Tausende Mitarbeiter einen Tag im Jahr ehrenamtlich engagieren. Anwaltskanzleien und Unternehmensberatungen lassen ihre Mitarbeiter »pro bono« arbeiten – für gute Zwecke und das unbezahlbare Gefühl, etwas Sinnvolles zu tun.

Mit solchen Angeboten können Unternehmen meine Generation beeindrucken. Denn nur weil uns die Behäbigkeit von Parteien, Verbänden und Vereinen abschreckt, heißt das nicht, dass wir uns nicht engagieren wollen. Wir tun es aber lieber lokal und projektbezogen, wie es unseren Lebensumständen entspricht.

Gewiss, es wäre gelogen, zu behaupten, wir würden unseren Arbeitgeber nur danach suchen, was er für die Gesellschaft oder die Umwelt tut. Natürlich geht es auch um uns, wir wollen im Job auf unsere Kosten kommen. Nur bemessen wir diese Kosten nicht allein an klassischen ökonomischen Zielen, sondern zunehmend an emotionalen Faktoren. Gehalt und Status motivieren uns viel weniger als die Aussicht auf eine Arbeit, die einen Sinn stiftet und in der wir aufgehen. Eine solche Arbeit sehen wir dann nicht als Pflicht, sondern als Mittel der Selbstverwirklichung. Wir streben nach einem Job, der unserer Persönlichkeit Ausdruck verleiht. Wir sind, was wir arbeiten. Deshalb soll die Arbeit auch mit unseren persönlichen Zielen im Einklang stehen. Sie soll sich »richtig« anfühlen, und was richtig ist, das liegt im Ermessen des Einzelnen.

Als der schwedische Ökonom Anders Parment in seiner großen Generation-Y-Studie Studenten fragte, was ihnen bei der Arbeit besonders wichtig sei, da sagten sie – in dieser Reihenfolge: Entwicklungsmöglichkeiten, Spaß bei der Arbeit und interessante Aufgaben. All das sind Faktoren, die sich aus dem Wunsch nach Selbstverwirklichung ableiten. Wir wollen uns mit unserer Arbeit identifizieren, die alten Insignien der Macht hingegen motivieren uns wenig. Dienstwagen, Firmenparkplatz, Senator-Status sind den meisten von uns nicht besonders wichtig. Schon im Bewerbungsgespräch stellen wir heute andere Fragen: Darf ich mit der Bahn fahren, statt zu fliegen? Kann ich statt eines Dienstwagens auch ein Firmenfahrrad kriegen oder eine Bahncard 100?

Ich glaube, dass hinter diesen Fragen auch eine neue Konsumideologie steckt. Meine Generation hat ein anderes Verhältnis zum Privatbesitz als unsere Eltern und Großeltern. Anders als die Kommunisten wollen wir ihn nicht abschaffen, aber dort, wo es sinnvoll ist, durch eine Wirtschaft des Teilens ersetzen. Fachleute sprechen von *Collaborative Consumption*, vom gemeinschaftlichen Konsum oder von der *Sharing Economy*. Dabei geht es darum, nicht mehr alles zu kaufen, sondern gewisse Dinge zu tauschen, zu teilen und zu leihen. Nutzen statt besitzen lautet das Mantra dieser neuen Konsumenten. Sie wollen gar nicht die Produkte, sondern nur den Nutzen, den sie stiften. Nicht die CD, sondern die Musik. Nicht die DVD, sondern den Film. Nicht die Bohrmaschine, die zeitlebens nur zwölf Minuten im Einsatz ist, sondern Löcher in der Wand.

Inzwischen gibt es unzählige Internetportale, über die Menschen alles Mögliche teilen, leihen und tauschen: Wohnungen, Fahrräder, Büros, Küchen, Werkzeug, Musikinstrumente, Handtaschen, Designeruhren, Kinderspielzeug, auch Kunst. Zwar ist das Phänomen des Tauschens und Teilens nicht neu, das haben Menschen schon gemacht, als das Geld noch gar nicht erfunden war. Und letztlich sind Wohngemeinschaften, Waschsalons, Bibliotheken, Hotels oder Taxis nichts anderes als die gemeinsame Nutzung von Ressourcen. Doch nie war es so einfach, genau das zu finden, was man sucht. Nirgendwo finden Angebot und Nachfrage so leicht zusammen wie im Internet, nirgendwo lassen sich schneller große Massen erreichen. Alles scheint nur wenige Klicks entfernt. Der Aufwand ist gleich null. Und seit es soziale Netzwerke und Smartphones gibt, ist der Austausch noch direkter und effizienter möglich.

Ein Bereich, in dem der Meins-ist-deins-Gedanke schon weitverbreitet ist, ist die Mobilität. Ich besitze kein eigenes Auto und, nachdem es von einem Baustellenfahrzeug überrollt wurde, auch kein funktionstüchtiges Fahrrad mehr. Wenn ich in Hamburg irgendwohin möchte, habe ich drei Möglichkeiten: Ich nehme den Bus auf der gegenüberliegenden Straßenseite, ich leihe mir ein Stadtrad an der Station um die Ecke oder ich suche auf dem Smartphone nach dem nächstgelegenen car2go.

Ich besitze kein eigenes Mittel zur Fortbewegung in der Stadt, aber vier Ausweise: für Bus und Bahn, fürs Leihfahrrad und zwei für die Carsharing-Angebote von Daimler und BMW. Mobilität ist für mich der Wunsch, von A nach B zu kommen. Welches Verkehrsmittel mich dahin bringt, ist mir ziemlich egal, Hauptsache, es ist praktisch und es geht schnell. Ich brauche kein Auto, um es zu besitzen, sondern um damit zu fahren. Gewissermaßen ein Auto *on demand.*

Wie mir geht es immer mehr jungen Menschen. Laut der Trendstudie Timescout haben zwar drei Viertel der 20- bis 29-jährigen Deutschen eine Fahrerlaubnis, aber 45 Prozent von ihnen fahren kaum Auto. In der Stadt sind es noch weniger. 80 Prozent der jungen Städter halten ein Auto für verzichtbar. 45 Prozent finden Menschen mit dicken Autos unsympathisch, und fast 40 Prozent sind der Auffassung, dass »Autos heute nicht besonders angesagt sind«. Ein Leben ohne Auto könnten sich viele vorstellen, eines ohne Handy und Internet nicht. Der Pkw als Statement über die eigene Persönlichkeit verliert in meiner Generation an Bedeutung, die Automarke taugt nicht mehr als symbolische Selbstergänzung.

Autofahren wird zu einer praktischen Angelegenheit. So sehen das auch Paul und Iris. Was die beiden an einem kalten Novembermorgen in der Hamburger City zusammenführt, ist froschgrün, hat 60 PS und 120000 Kilometer auf dem Zähler: ein Nissan Micra, Baujahr 2001. Paul, Jurist, besitzt ihn. Iris, Bankangestellte, braucht ihn, um damit zum Segeln nach Kiel zu fahren. Was folgt, ist Routine: Ein Handschlag zur Begrüßung, Small Talk, dann überreicht

Paul Schlüssel und Fahrzeugschein, Iris unterschreibt das Übergabeprotokoll.

24 Stunden später wird sie den Autoschlüssel in Pauls Briefkasten werfen und ihm per SMS mitteilen, wo genau sie den Wagen abgestellt hat. Iris bezahlt Paul für seinen Micra, der sonst nur herumstünde, 16,50 Euro am Tag. Dazu kommen 7,50 Euro für eine Vollkaskoversicherung, die Iris für den Schadensfall abschließen musste. »Das ist viel günstiger als ein Mietwagen«, sagt sie. »Und mit Paul ist das total unkompliziert.« Auch Paul wird später auf Iris' Profilseite im Internet posten: »Wieder super gelaufen!«

Die beiden haben sich auf der Plattform Tamyca kennengelernt (kurz für *Take my car*), wo sich Privatpersonen untereinander ihr Auto ausleihen, für ein paar Stunden, einen Tag, eine ganze Woche. Paul hat dort seinen Micra mit Foto eingestellt, Iris hat ihn kontaktiert und einen Übergabetermin vereinbart.

Tamyca ist eine Alternative zu professionellen Carsharing-Anbietern wie Greenwheels, Cambio, Flinkster der Deutschen Bahn, car2go von Daimler oder DriveNow von BMW. Das Prinzip ist das dasselbe: Mehrere Menschen teilen sich ein Auto. Und Carsharing wird immer beliebter. Die Zahl der Nutzer in Deutschland hat sich innerhalb eines Jahres nahezu verdoppelt – auf eine halbe Million Nutzer Anfang 2013. So viel wie nie zuvor. Ihnen stehen im Bundesgebiet rund 11 000 Fahrzeuge zur Verfügung. Gegenüber den 43 Millionen Pkw, die hierzulande zugelassen sind, ist das wenig, doch die innige Bindung der Deutschen zum Automobil lässt besonders bei jungen Menschen nach.

Das heißt nicht, dass wir ganz aufs Autofahren verzichten, viele wollen nur nicht unbedingt ein eigenes Fahrzeug besitzen. Und das meist aus ganz praktischen Gründen: »Ein Auto rechnet sich für mich einfach nicht«, sagt Iris, »die Kosten sind zu hoch.« Benzin, Steuern, Versicherung, der Wertverlust und dann die ewige Suche nach einem Parkplatz, auf dem das Auto dann 23 Stunden am Tag steht. So rechnet Iris. Warum also ein eigenes Auto besitzen, wenn sie den Micra von Paul einfach mieten kann?

»Die Ära des Eigentums geht zu Ende, das Zeitalter des Zugangs beginnt«, prophezeite der amerikanische Ökonom Jeremy Rifkin in seinem Buch *Access* schon Anfang des Jahrtausends. Das Buch wurde ein Bestseller, aber für viele war Rifkin auch ein Zukunftsspinner. Heute ist es schwer, ihn ans Telefon zu bekommen. Rifkin verbringt viel Zeit über dem Atlantik, manchmal fliegt er zweimal die Woche hin und her, auf der einen Seite berät er die Mächtigen Europas (Merkel, Barroso und Co.), auf der anderen lehrt er an der renommierten Wharton School in Philadelphia und steht dem Thinktank »Foundation on Economic Trends« in Washington vor.

Heute fühlt Rifkin sich in seinen Voraussagen bestätigt: »Wir erleben gerade den Anfang vom Ende eines Konsumverhaltens, wie wir es kennen.« Es sei bald Schluss mit dem Horten von Besitztümern, glaubt er: »Es beginnt ein neues Zeitalter, in dem wir Güter befristet und gemeinsam nutzen.« Im Übergang von einer »industriellen zu einer kollaborativen Revolution« sieht Rifkin eine neue wirtschaftliche Ära heraufdämmern. Für den Weltdeuter, der große Worte nicht scheut, ist das »einer der großen Wendepunkte der Menschheitsgeschichte«.

Viele in meiner Generation empfinden Eigentum tatsächlich nicht länger als Privileg, sondern eher als Bürde. Wir sehnen uns nach einem leichteren Leben, nach der Leichtigkeit des Nichtbesitzens. Oder wie es der Poet und Sachbuchautor Mark Levine im *New York Times Magazine* einmal ausdrückte: »Teilen verhält sich zu Besitz wie der iPod zur Achtspurkassette, das Solarmodul zum Kohlebergwerk. Teilen ist sauber, frisch, urban, postmodern; Besitzen ist langweilig, selbstsüchtig, ängstlich, rückständig.«

Noch gehört Levine zur Minderheit. Noch ist Deutschland eine Meins-Gesellschaft. Doch gerade die Jüngeren, die häufiger Wohnung und Arbeitsplatz wechseln, möchten nicht mehr so viel mit sich herumschleppen. Wir möchten alles nutzen, aber nicht mehr alles auf Dauer besitzen (außer natürlich unser Smartphone und unseren Laptop, die gehören nur uns). Wir teilen, tauschen und leihen lieber.

Der Gedanke des Tauschens und Teilens ist für meine Generation nicht neu, im Internet sind wir damit aufgewachsen. Die sozialen Netzwerke basieren auf der Logik des Gebens und Nehmens. Dort teilen wir Neuigkeiten (Twitter), Fotos (Flickr), Videos (YouTube), Interessen (Digg), Freunde (Facebook) oder Geschäftskontakte (Xing). Diese Netzwerke funktionieren nur, weil Massen kooperieren und Informationen miteinander teilen. Was in der virtuellen Welt selbstverständlich ist, erobert nun die Welt der Güter und Produkte. Die Räume innerhalb und außerhalb des Netzes verschmelzen.

Zum Beispiel auf der Internetplattform Netcycler, wo Nutzer Alltagsgegenstände anbieten, die sie nicht mehr benötigen, und zugleich auflisten, was sie dafür haben möchten. Getauscht wird Ding gegen Ding. Ein Toilettensitz gegen ein Mobiltelefon. Ein Bügelbrett gegen eine Mikrowelle. Ein Kinderroller gegen ein Waffeleisen. Da direkte Treffer schwierig sind, erfolgt der Tausch über mehrere Ecken. Eine spezielle Software verknüpft die Angebote und Wünsche mehrerer Personen. Bis zu fünf Nutzer geben Gegenstände weiter, sodass am Ende zu jedem Wunsch ein Angebot passt.

Es gibt kaum nutzlose Dinge, nur nützliche am falschen Ort, so die Philosophie dahinter. Und gute Gefühle gibt es obendrauf. Den Moment, in dem sich andere für etwas bedanken, das man ansonsten weggeworfen hätte, beschreiben Verhaltensforscher als das »warme innere Leuchten«, das sich sonst auch nach selbstlosen Taten einstellt.

Die Wirtschaft des Teilens basiert aber nicht vorwiegend auf altruistischen Motiven, sie ist vor allem praktisch und günstig. Wer

Klamotten tauscht statt kauft, spart Geld. Wer eine Bohrmaschine nur für einen Tag mietet, spart Stauraum. Wer ein Auto ausleiht, spart sich Reparatur und TÜV. Das passt in eine Gesellschaft, die mobil leben und flexibel arbeiten will. Und da mehr Teilen und Mieten meistens bedeutet, dass weniger produziert und verschwendet wird, nützt die Meins-ist-deins-Wirtschaft auch der Umwelt. Noch mehr vielleicht dem eigenen Selbstbild. Aus ihr kann ein Lebensgefühl erwachsen, eine smarte und hippe Konsumphilosophie, die den Carsharing-Pass oder die Bahncard 100 zu neuen Statussymbolen erhebt.

Und so wären wir wieder bei der Frage im Bewerbungsgespräch, ob wir statt eines Dienstwagens auch eine Bahncard haben können. Meine Generation will nutzen statt besitzen und dabei möglichst viel erleben. Denn Erleben macht glücklicher als Haben.

12 / WAS DIE WIRTSCHAFT FÜR UNS TUN KANN

Die Onlinezeitung *Huffington Post* veröffentlichte kürzlich einen Blog-Post auf ihrer Seite, der in meiner Generation wie wild die Runde machte. Innerhalb kürzester Zeit wurde er 4000-mal kommentiert, 15 000-mal auf Twitter verbreitet, 240 000-mal auf Facebook verlinkt und mit mehr als einer Million »Gefällt mir«-Daumen versehen. Der Text traf einen Nerv. Unter dem Titel »Why Generation Y Yuppies are unhappy« beschreibt der 31-jährige Blogger das Leben von Lucy. Lucy ist ein fiktives Mitglied der Generation Y und obendrein ein Yuppie, also ein hipper Großstadtmensch – zwei Gruppen übrigens mit einer großen Schnittmenge.

Der Autor nennt Leute wie Lucy GYPSYs, das steht für *Gen Y Protagonists & Special Yuppies*. GYPSYs sind also eine spezielle Gattung von Y-Yuppies und spielen die Hauptrolle in einer ganz besonderen Geschichte. Lucy genießt ihr GYPSY-Leben und ist eigentlich ganz zufrieden damit, Lucy zu sein. Nur ist da diese Sache, die sie sich nicht erklären kann: Lucy ist irgendwie unglücklich.

Um der Sache auf den Grund zu gehen, stellt der Autor eine ziemlich einfache Gleichung auf, sie lautet: Glück ist gleich Realität minus Erwartungen. Wenn das Leben besser ist, als man es erwartet hat, ist man glücklich. Bleibt die Realität dagegen hinter den eigenen Erwartungen zurück, ist man unglücklich. So einfach.

Dann vergleicht der Autor das Leben von Lucy mit dem ihrer Babyboomer-Eltern und illustriert das Ganze mit lustigen Schaubildern. Eines veranschaulicht den beruflichen Werdegang von Lucys Eltern: Deren Karrieren folgen einer Kurve, auf der grünes Gras wächst. Sie verläuft zwischen den Achsen Jahre und Erfolg von links unten nach rechts oben. Mit zunehmender Zeit wächst der Erfolg, und das Gras, das darauf gedeiht, wird grüner. Diese Kurve verdeutlicht die Erwartungen von Lucys Eltern. Etwas oberhalb dieser Erwartungskurve verläuft eine weitere Linie, die zeigt, wie sich die Karriere der Babyboomer tatsächlich entwickelt hat. Der Abstand zwischen den Kurven nennt der Autor die »positive Nettozufriedenheit«. Lucys Eltern sind glücklich, weil ihr berufliches Leben besser verlaufen ist, als sie es erwartet haben.

Mit dieser Lebenserfahrung erzogen sie Lucy in dem Glauben, dass sie alles, wovon sie träume, auch erreichen könne. Sie solle nur ihrer Leidenschaft folgen und immer daran denken, dass sie etwas ganz Besonderes sei. Dieser Glaube hat sich in Lucys Selbstverständnis tief eingegraben. Eine Karriere, die Sicherheit und Wohlstand verspricht, reicht Lucy deshalb nicht, sie möchte ihren ganz persönlichen Traum leben. Anders als ihre Eltern gibt sie sich mit grünem Gras allein nicht zufrieden, auf ihrer Wiese sollen bitte noch Blumen blühen. Lucy sucht eine Arbeit, in der sie aufgehen und sich selbst verwirklichen kann. Wie Lucy geht es vielen Altersgenossen. Was in der Generation ihrer Eltern nur ein paar Einzelnen vorbehalten war, beansprucht nun eine ganze Generation für sich: eine Karriere auf einer saftig grünen Wiese mit hübschen bunten Blumen drauf. Aber auch das ist Lucy noch zu wenig, schließlich ist sie überzeugt, etwas ganz Besonderes zu sein. Deshalb glaubt sie, dass ihr mehr zusteht als den anderen. Über Lucys Blumenwiese soll auch noch ein strahlendes Einhorn galoppieren.

Im Koordinatensystem aus Erfolg und Zeit sieht Lucys Karriere dann so aus: Auf der Kurve, die fast senkrecht ansteigt und auf hohem Niveau weiterläuft, trabt ein Einhorn über eine saftige Blumenwiese und atmet einen Regenbogen aus.

Soll heißen: Lucys Erwartungen an die Arbeitswelt sind exorbitant hoch, und nach ein paar Jahren im Beruf stellt sie fest, dass ihr Job ziemlich wenig mit ihren Einhorn-Fantasien zu tun hat. In Wirklichkeit sitzt Lucy auf brauner Erde, auf der nichts wächst außer ein paar verdorrten Grashalmen. Die Formel aus Realität minus Erwartungen ergibt Glück im tiefroten Bereich. Lucy ist unglücklich.

Was uns der Autor auf süffisante Weise sagen will: Meine Generation stellt in der Arbeitswelt Anforderungen wie keine Alterskohorte zuvor. Unser Streben nach Sinn und Selbstverwirklichung geht dabei so weit an der Realität vorbei, dass es nur in Enttäuschung enden kann. Unsere Vorstellung, jeder habe einen Anspruch auf Glück im Leben, ist ein Hirngespinst wie das Einhorn in Lucys Fantasie. Schon Kant hat gesagt: Glückseligkeit ist »nicht ein Ideal der Vernunft, sondern der Einbildungskraft«. Sobald unsere Illusion platzt wie eine Seifenblase, finden wir uns ernüchtert und enttäuscht wieder. Aufs Arbeitsleben übertragen bedeutet das: Der Job, der unseren Erwartungen genügt, muss erst noch erschaffen werden.

Sind wir wirklich eine Generation von weltfremden Romantikern? Glauben wir wirklich an Einhörner in Regenbogenfarben? Was Lucys Schöpfer meines Erachtens unterschätzt, ist der Pragmatismus, der meiner Generation zu Recht nachgesagt wird. Ja, wir haben hohe Ansprüche, aber wir sind keine verträumten Idealisten (ein Umstand übrigens, der uns häufig vorgehalten wird). Ja, wir geben uns wie Lucy nicht mit einem grünen Rasen zufrieden, ein paar Blumen sollten darauf schon wachsen. Doch an Einhörner glauben wir ebenso wenig wie an die gesetzliche Rente. Wir suchen eine Arbeit, die uns erfüllt, aber keine, die unerfüllbar ist.

Unternehmen, die uns gewinnen möchten, müssen uns keine Einhorn-Regenbogen-Wiese bieten. Was wir wollen, ist nicht überzogen, das meiste kostet nicht einmal Geld. Es lässt sich in diesen fünf Forderungen zusammenfassen:

- mehr Freiheiten;
- gute Führung;
- bessere Vereinbarkeit;
- mehr Individualismus;
- richtige Belohnung.

Mehr Freiheiten

Meine Generation versteht nicht, warum eine Arbeit, für die es nur einen Internetanschluss braucht, ausschließlich im Büro zu einer festgelegten Zeit erledigt werden sollte. Chefs wollen motivierte Mitarbeiter? Dann dürfen sie uns nicht in ein Büro einsperren und an den Schreibtisch ketten. Wir brauchen Freiheiten. Warum können wir nicht mal um vier Uhr gehen und im Café weiterarbeiten? Oder den Kunden von zu Hause anrufen? Oder zwischendurch eine Runde joggen gehen, um hinterher umso konzentrierter weiterzuarbeiten? Wir wollen selbst entscheiden, wo und wann wir am produktivsten sind.

Es gibt Unternehmen, die das verstanden haben. Bei Microsoft etwa gibt es keine starren Präsenzpflichten, der Softwarekonzern setzt auf Vertrauensarbeitszeit. Die Mitarbeiter können ihre Arbeit frei einteilen und im virtuellen Büro jederzeit von jedem Ort aus arbeiten.

Der Suchmaschinenriese Google erlaubt seinen Programmierern und Ingenieuren, 20 Prozent ihrer Arbeitszeit für die Entwicklung eigener Ideen zu nutzen. Einen Tag in der Woche sind sie vom Arbeitsalltag freigestellt und können sich um eigene Projekte kümmern.

Aus vielen dieser Ideen sind erfolgreiche Google-Produkte entstanden: Der E-Mail-Dienst Gmail, der Nachrichtenaggregator Google News, der Landkartendienst Google Maps wurden außerhalb der regulären Arbeit entwickelt. Auch Googles AdSense-Programm entstand nebenbei und bringt dem Unternehmen heute riesige Umsätze ein.

Firmen, die ihren Beschäftigten mehr Freiraum geben, profitieren davon. Studien belegen, dass Unternehmen mit flexiblen Arbeitszeitmodellen produktiver sind als andere. Die Modelle dazu gibt es längst: Doppelspitzen, Sabbaticals, 90-, 80- oder 70-Prozent-Stellen, Homeoffice, Vertrauensarbeitszeit. Doch in vielen Firmen kommen sie nicht zum Einsatz. Vor allem nicht im Management.

Dabei könnten gerade Führungskräfte Jüngeren ein Vorbild sein, wie sich Karriere und Familie besser vereinbaren lassen. Wenn mehr Chefs und Chefinnen in Deutschland ihre Arbeitszeit verkürzten, würde Teilzeitarbeit aufgewertet. Außerdem könnte Führung weiblicher werden. Denn viele Frauen schrecken auch deshalb vor dem Chefposten zurück, weil der in der Regel mit Arbeitszeiten einhergeht, die schlecht mit Familienleben vereinbar sind. Hätten wir mehr Manager in Teilzeit, fänden Meetings eher vor und nicht nach 18 Uhr statt, Geschäfte würden beim Lunch anstatt beim Dinner gemacht. Auch für Chefs müsste das Leben nicht hinter der Firmenausfahrt enden.

Noch wird die deutsche Wirtschaft von Vollzeitmanagern gelenkt, aber manche Firmen denken um. Bei Bosch probieren gerade 500 Führungskräfte flexible Arbeitszeitmodelle aus. Für mindestens drei Monate arbeiten sie von zu Hause oder in Teilzeit, um mehr Zeit für Familie und Hobbys zu haben. Schon 2011 testeten 150 Führungskräfte verschiedene Varianten. Anschließend wollten 80 Prozent der Beteiligten flexibel oder in Teilzeit weiterarbeiten, meist reduziert auf 80 Prozent. Eine Vier-Tage-Woche halten viele Arbeitnehmer auch außerhalb von Bosch für das ideale Pensum.

Wer weiß, vielleicht gilt die 32-Stunden-Woche ja schon bald als neue Vollzeit.

Gute Führung

Es gibt zwei verschiedene Ansätze, Mitarbeiter zu führen. Der erste geht davon aus, dass der Mensch von Natur aus faul ist und jede Möglichkeit nutzt, sich vor der Arbeit zu drücken. Nur durch strenge Kontrolle und klare Anweisung bringt man ihn dazu, überhaupt etwas zu leisten. Der zweite Ansatz nimmt an, dass der Mensch aus eigenem Antrieb heraus etwas tut und dann besonders engagiert ist, wenn er sich selbst organisieren darf. Schenkt man ihm Vertrauen und Freiheiten, strengt er sich über das verlangte Maß hinaus an. Ich glaube, dass der zweite Ansatz effektiver ist. Der erste hingegen ist sogar kontraproduktiv, zumindest bei meiner Generation. Wir leisten dann am meisten, wenn wir selbständig arbeiten dürfen.

In ihrem Buch *Future Work* plädieren die britischen Arbeitswelt-experten Alison Maitland und Peter Thomson für mehr Freiheiten und weniger Kontrolle am Arbeitsplatz und begründen, warum Unternehmen davon profitieren können. Akribisch haben sie unzählige Studien und Praxisbeispiele zusammengetragen, die belegen, dass Beschäftigte mit mehr Freiräumen produktiver, kreativer und effizienter sind als andere. Fehlende Autonomie kann sogar krank machen. Maitland und Thomson zitieren in ihrem Buch eine Studie aus Schweden. Die kam zu dem Ergebnis, dass Arbeitnehmer mit einem anspruchsvollen Job, aber wenig Einfluss darauf, wie sie ihn ausüben, ein erhöhtes Risiko haben, chronisch krank zu werden. Noch erschreckender ist, was japanische Forscher herausgefunden haben: Fehlende Kontrolle über die eigene Arbeit erhöht die Wahrscheinlichkeit von Selbstmorden unter männlichen Beschäftigten. So weit muss es nicht kommen, aber mehr Freiheiten und weniger Kontrolle von oben sind wirksame Mittel gegen Arbeitsfrust.

Wer das meiste aus meiner Generation herausholen will, muss uns anders führen – im Team, vernetzt, mit flachen Hierarchien. Warum Führung nicht einmal ganz neu organisieren? Anstatt eines festen Chefs könnte immer derjenige das Sagen haben, der von einer Sache die meiste Ahnung hat. Je nach Thema übernimmt mal der eine, mal der andere vorübergehend eine Führungsaufgabe. Chef ist immer der, der am besten Bescheid weiß.

Nicht dass wir ein Problem mit Autoritäten haben – solange sie in der Sache überzeugen, folgen wir ihnen gerne. Nur wollen wir keinen Chef, der oben sitzt und Befehle erteilt (die dann auch noch sinnlos sind). Wir sind es gewohnt, mitzureden und offen unsere Meinung zu sagen. Man darf nicht vergessen, wie wir aufgewachsen sind. Schon als Kinder durften wir mitentscheiden, wohin die Familie in Urlaub fährt oder was am Samstagabend im Fernsehen läuft. Wir sind die ersten Kinder, die ihre Eltern beim Vornamen nannten. Wir hatten Lehrer, die wir duzen durften, und Professoren, mit denen wir auf Augenhöhe diskutierten. Wir haben ein entspanntes Verhältnis zu Autoritäten.

Die Aufmerksamkeit unserer Helikopter-Eltern war uns gewiss. Und genauso viel Fürsorge erwarten wir nun auch von unseren Arbeitgebern. Chefs sollten uns nicht nur führen, sie sollten sich auch um uns kümmern und uns in schwierigen Situationen beistehen. Für diese Rundumbetreuung existiert sogar schon ein Begriff: *in loco parentis management.* Hier übernehmen Vorgesetzte die Rolle von Eltern. Sie unterstützen, beraten, trösten, hören zu.

Mir geht das zu weit. Ich brauche keinen Chef, der mir Händchen hält, ich suche auch keinen Elternersatz. Für mich ist ein guter Chef wie ein Trainer beim Fußball. Er steht am Rand und gibt Tipps, er korrigiert und feuert an. Er ist vor, im und nach dem Spiel da, aber die Tore machen die Spieler auf dem Platz.

Der Chef gibt die Ziele vor, aber wir entscheiden, wie wir sie erreichen. Er lädt nicht nur einmal im Jahr zum Mitarbeitergespräch, sondern gibt regelmäßig Feedback (und ja, wir nehmen Kritik auch an, solange sie begründet ist). Und in einer idealen Arbeitswelt könnten auch wir den Chef beurteilen, was Einfluss auf seine Belohnung hätte und Führung stärker von der Akzeptanz der Geführten abhängig machen würde. So stelle ich mir offene, transparente und responsive Führung vor. So sieht gute Führung aus.

Bessere Vereinbarkeit

Meine Generation will sich nicht mehr zwischen Beruf und Familie entscheiden. Wir sind überzeugt, dass beides geht: Kinder *und* Karriere. Seit August 2013 haben Eltern sogar einen Rechtsanspruch auf die Betreuung ihrer Kleinkinder. Doch obwohl die Kommunen ihr Angebot gerade kräftig ausbauen, reichen die Plätze vielerorts nicht aus. Die Wartelisten sind lang und die Kosten von Stadt zu Stadt sehr unterschiedlich. Wenn Eltern nicht wissen, wohin mit ihren Kindern, sind sie auch im Job nicht so flexibel. Deshalb erwarten wir von unseren Arbeitgebern, dass sie uns dabei helfen, Kind und Karriere unter einen Hut zu bringen.

Tatsächlich versuchen immer mehr Unternehmen, die Lücke zu schließen, die der Staat hinterlässt. Viele Firmen kümmern sich neuerdings selbst um den Nachwuchs. Laut einer Umfrage des Industrie- und Handelskammertags unterstützt bereits jedes zweite Unternehmen seine Mitarbeiter bei der Kinderbetreuung oder will dies tun – 2007 war es nur ein Viertel. Einige Firmen zahlen nur Zuschüsse, jedes dritte Unternehmen mit mehr als 20 Beschäftigten bietet oder plant aber eine betriebliche Kinderbetreuung – in einer eigenen Kita oder mit Belegplätzen in örtlichen Einrichtungen. Bei Unternehmen ab 1000 Mitarbeitern sind es mehr als die Hälfte.

Siemens unterstützt Mitarbeiter monatlich mit bis zu 500 Euro pro Kind, wenn sie früher aus der Elternzeit zurückkehren. Bis 2015 will der Konzern außerdem sein Betreuungsangebot an 21 Standorten auf 2000 Plätze aufstocken. BASF erweitert seine Kinderbetreuung in Ludwigshafen gerade von 70 auf 250 Plätze, der Waschmittelriese Henkel auf 240, Daimler will bald 570 Plätze im Stuttgarter Raum anbieten, Volkswagen 1000 Plätze in eigenen Einrichtungen schaffen. Bayer lässt eine neue Kita für sechs Millionen Euro bauen. Und die Europäische Zentralbank hält 270 Betreuungsplätze in drei Kitas im Frankfurter Westend vor, die auch in den Ferien geöffnet haben, von 7 bis 20 Uhr.

Selbst im Osten, wo die Betreuungsnot längst nicht so groß ist, investieren die Unternehmen in den Nachwuchs. Jenoptik beispielsweise baute vor den Werkstoren in Jena eine Kindertagesstätte mit bilingualer Spracherziehung und Kindersauna. Wenige Kilometer entfernt steckte Carl Zeiss eine halbe Million Euro in eine Kindertagesstätte, die neulich eröffnet hat.

Die Angebote der Unternehmen können den Notstand bei der Kinderbetreuung allenfalls lindern, den Bedarf decken sie nicht. Nur etwa hinter jeder zehnten Tageseinrichtung für unter Dreijährige steckt ein privatwirtschaftlicher Träger. Doch die Firmen haben erkannt, dass sich ihr Engagement auszahlt. Studien bestätigen, dass sich Investitionen in familienfreundliche Maßnahmen wirtschaftlich rechnen. Für Firmen sind sie eine Chance, die Zufriedenheit der Mitarbeiter zu steigern, die Bindung zum Unternehmen zu stärken und das Image zu verbessern. Personalleiter berichten, dass Eltern, die ihre Kinder im Unternehmen gut betreut wissen, schneller aus der Babypause zurückkehren, seltener ausfallen und motivierter bei der Arbeit sind. Mitarbeiter in familienfreundlichen Unternehmen, auch das belegen Untersuchungen, leisten sogar mehr.

Früher lockten die Firmen gute Leute mit Dienstwagen, Boni oder Aktienpaketen, inzwischen ist die Edel-Kita mit Wellness und Englischkurs, mit qualifizierten Erziehern und langen Öffnungszeiten ein wichtiges Argument im Vorstellungsgespräch. Laut einer Studie für das Bundesfamilienministerium spielt für 91 Prozent der befragten Eltern zwischen 25 und 39 Jahren die Vereinbarkeit von Beruf und Familie eine mindestens so wichtige Rolle wie das Gehalt. Drei Viertel würden für mehr Familienfreundlichkeit den Job wechseln. Und es sind längst nicht nur die Frauen, gerade jüngere Männer fordern mehr Zeit für die Familie.

Anstatt den nächsten Bonus in Aussicht zu stellen, sollten Firmen also besser eine Kinderbetreuung anbieten oder überlegen, wie sie Müttern nach der Geburt den Wiedereinstieg erleichtern. Und Vorgesetzte sollten für eine Kultur sorgen, in der niemand ein schlechtes Gewissen zu haben braucht, wenn er sein Kind von der Kita abholt.

Mehr Individualismus

Dann bauen wir halt eine Kita, und gut ist's, könnten Unternehmen jetzt sagen. Doch damit ist es nicht getan. Eine Balance zwischen Beruf, Familie und Freizeit suchen wir nicht nur, wenn wir kleine Kinder haben. Auch davor und danach haben wir Bedürfnisse und Wünsche, die wir mit der Arbeit in Einklang bringen möchten. Manche wollen zurück an die Uni und einen weiteren Abschluss machen, andere ergattern ein Stipendium im Ausland oder wollen zu ihrem Partner in eine andere Stadt ziehen. Der eine will ein halbes Jahr um die Welt reisen, der andere wünscht sich mehr Zeit für seine Kinder, ein Dritter muss sich um seine kranke Mutter kümmern. Ich wollte Zeit, um ein Buch zu schreiben.

So ist jeder in einer anderen Lebensphase, in der ihm unterschiedliche Dinge wichtig sind. Unternehmen, die uns halten möchten, sollten gemeinsam mit uns nach Wegen suchen, wie sich die Arbeit mit unseren Bedürfnissen in Einklang bringen lässt. Arbeitgeber, die auf die jeweilige Lebenssituation ihrer Mitarbeiter eingehen, können bei uns punkten. Wir danken es ihnen, indem wir motivierter, produktiver und loyaler sind.

Beim Maschinenbauer Trumpf dürfen die Mitarbeiter alle zwei Jahre ihre wöchentliche Arbeitszeit neu bestimmen, je nachdem, wie viel sie wann in ihrem Leben arbeiten möchten. Wer nach der Ausbildung durchstarten möchte, kann volle 40 Stunden arbeiten, wer ein Kind bekommt oder einen Angehörigen pflegt, kann seine Arbeitszeit auf bis zu 15 Stunden die Woche reduzieren. Interessant dabei: Seit das Modell im Sommer 2011 eingeführt wurde, haben nur 20 Prozent der Mitarbeiter, die daran teilgenommen haben, ihre Arbeitszeit verkürzt, 80 Prozent haben sie erhöht. Sie arbeiten heute mehr als zuvor.

Natürlich reizt viele das höhere Gehalt, doch es passt auch zu Erkenntnissen aus der Glücksforschung. Forscher fanden heraus, dass Menschen unzufriedener mit ihrem Leben sind, wenn sie weniger Stunden arbeiten dürfen, als sie eigentlich möchten. Mehr arbeiten zu müssen, als man will, dämpft die Lebensfreude zwar auch, aber nicht so stark.

Nachdem Trumpf die flexiblen Arbeitszeitmodelle eingeführt hat, haben sich die Bewerberzahlen verdoppelt, heißt es aus dem Unternehmen. Außerdem können Mitarbeiter des Maschinenbauers Arbeitsstunden auf einem Familien- und Weiterbildungsprogramm ansparen, um eine Auszeit von bis zu einem halben Jahr zu nehmen.

Jeder zweite Arbeitnehmer in Deutschland hat diesen Traum: einfach mal raus aus dem Job. Und immer mehr verwirklichen ihn. Die Zahl der deutschen Unternehmen, die Sabbaticals anbieten, hat sich im vergangenen Jahrzehnt vervielfacht. Selbst Vielarbeiterfestungen werben nun damit. In der Unternehmensberatung McKinsey herrschte immer eine Kultur der 16-Stunden-Tage. Doch inzwischen denkt man auch bei diesem begehrten Arbeitgeber um. Die Berater sind im Schnitt um die 30 Jahre alt. Um an die Besten zu kommen, reichen sechsstellige Gehälter nicht aus. Also zahlt McKinsey Zeit aus statt Geld. Die Firma bietet dreimonatige Auszeiten vom Job, und jeder sechste Berater hat es schon genutzt. Wer Höchstleistung will, muss Pausen zulassen.

Richtige Belohnung

Die meisten Unternehmen sind noch auf Beschäftigungsverhältnisse eingestellt, wie sie meine Generation nicht mehr kennt. Man fängt bei einem Unternehmen an und bleibt lange – manchmal bis zur Rente. Vielerorts gilt das Senioritätsprinzip: Je länger man dabei ist, desto höher steigt man in der Hierarchie. Mit zunehmendem Alter wächst auch das Gehalt, unabhängig davon, wie viel man leistet. Meine Generation findet das ungerecht. Wir ärgern uns über ältere Kollegen, die doppelt so viel verdienen wie wir, aber nur halb so viel leisten. Die fest im Sattel sitzen, während wir uns von einer Befristung zur nächsten hangeln.

Die Mehrheit der Unternehmen belohnt ihre Mitarbeiter nach der Dauer der Betriebszugehörigkeit: Je länger man dabei ist, desto größer sind die Privilegien – mehr Gehalt, größeres Büro, höhere Arbeitsplatzsicherheit. Auch Betriebsrenten sind auf eine lange Firmenzugehörigkeit ausgerichtet. Das Problem: Meine Generation kann mit solchen langfristigen Anreizen wenig anfangen. Wir gehen davon aus, während unseres Berufslebens drei, fünf oder zehn verschiedene Arbeitgeber zu haben. Was wissen wir heute schon, was in zehn oder 20 Jahren ist? Unternehmen verschwenden also viel Geld mit Programmen, die uns nicht motivieren.

Wir möchten lieber jetzt auf unsere Kosten kommen. Ob wir im Job erfolgreich sind oder nicht, sollte nicht von der Dauer der Betriebszugehörigkeit abhängen, sondern davon, was wir heute leisten. Wir wollen nicht fürs Sitzen bezahlt werden, sondern für die Qualität unserer Arbeit. Wie produktiv jemand ist, hängt auch davon ab, wie viel Zeit er hat. Die Arbeit nimmt komischerweise immer genau so viel Zeit in Anspruch, wie man ihr einräumt. Unternehmen sollten deshalb Ergebnisse belohnen und nicht die Stunden, die wir unproduktiv im Büro herumsitzen.

Überhaupt habe ich den Eindruck, dass viele Unternehmen nicht wissen, was uns motiviert. Jedenfalls setzen sie häufig die falschen Anreize. Es ist Zeit, dass Arbeitgeber den Fokus weg vom Geld hin zu anderen Dingen lenken. Mit mehr Gehalt oder einem dicken Bonus können Firmen uns vielleicht dazu bringen, dass wir noch etwas länger lustlos bei ihnen herumsitzen, aber zu Höchstleistung treiben sie uns so nicht. Zeit ist uns wichtiger als Geld. Erleben macht glücklicher als Haben. Dieses Mantra hat meine Generation verinnerlicht. Deshalb reicht es nicht, wenn Arbeitgeber uns nur mit den klassischen monetären Anreizen motivieren. Mit anderen Belohnungen erreichen sie viel mehr: mit einer Auslandsreise, einer Diskussionsrunde mit dem Firmenchef oder der Teilnahme an einem Fortbildungsprogramm. Mit einer Art Praktikum in einem anderen Unternehmensbereich oder der Einladung zu einer Konferenz. Alles, was Abwechslung bringt und uns das Gefühl gibt, dass wir etwas dazulernen, treibt uns an.

Anfang 2013 wurde ich für fünf Wochen ins Hauptstadtbüro der *Zeit* entsandt. Und obwohl ich in Berlin viel gearbeitet habe, kam es mir nicht wirklich wie Arbeit vor. Ich lernte neue Kollegen kennen, beschäftigte mich mit anderen Themen, traf Politiker zum Hintergrundgespräch. Mein Arbeitstag sah für ein paar Wochen völlig anders aus. Danach dachte ich, dass Firmen ihre Mitarbeiter statt in den Urlaub öfter mal in eine andere Abteilung oder an einen anderen Ort schicken sollten. Ich glaube, der Mensch sehnt sich nicht danach, nichts zu tun. Er sehnt sich danach, ab und zu etwas anderes zu tun. Kaum etwas motiviert meine Generation mehr als eine Arbeit, die spannend ist und Abwechslung verspricht.

Was also kann die Wirtschaft für uns tun? Unternehmen, die uns halten möchten, müssen sich flexibler organisieren als heute. Wenn sie uns Vertrauen statt Kontrolle entgegenbringen, werden sie verantwortungsvolle und selbständige Mitarbeiter bekommen. Firmen sollten uns eine echte Balance zwischen Beruf, Familie und Freizeit bieten und die richtigen Anreize setzen, um uns zu motivieren. Das meiste davon kostet nicht einmal Geld, und es zahlt sich für die Unternehmen aus. Denn wenn das Umfeld passt, dann ist meine Generation bereit, Unglaubliches zu leisten.

13 / WAS WIR FÜR DIE WIRTSCHAFT TUN KÖNNEN

Zugegeben, für Arbeitgeber ist es nicht immer einfach, den Erwartungen meiner Generation gerecht zu werden. Uns zu führen, ist anspruchsvoll, denn wir erwarten viel Aufmerksamkeit und Fürsorge. Doch wenn wir von einer Sache überzeugt sind, geben wir alles. Stimmt das Umfeld, laufen wir zur Bestform auf. Der US-Autor Bruce Tulgan formuliert das in seinem Buch *Not Everyone Gets A Trophy* so: »Wer von dieser Generation Höchstleistung will, muss viel Aufwand in ihre Führung und Pflege stecken.«

Doch wir fordern nicht nur viel von unseren Arbeitgebern, wir geben ihnen auch einiges zurück. Denn wir haben viel zu bieten: Wir sind die am besten ausgebildete, die internationalste und vielsprachigste Generation, die jemals die Arbeitswelt betreten hat. Nie hat eine Altersgruppe, prozentual gesehen, häufiger Abitur gemacht, häufiger studiert, häufiger im Ausland gelebt. Wir sind die Kinder der Globalisierung, und anders als ältere Generationen haben wir keine Angst vor ihr, sondern genießen die Vorteile.

Junge Menschen in meinem Alter verstehen sich heute nicht mehr so sehr als Deutsche, Franzosen oder Spanier. Wir begreifen uns als Europäer oder sogar als Weltenbürger. Klar gibt es Unterschiede zwischen den Nationen, junge Leute in Indien etwa leben anders als in Kanada, doch mit der Verbreitung von sozialen Medien und dem Export vorwiegend westlicher Kulturgüter gleichen sich die Lebensstile junger Menschen rund um den Globus an. Meine Generation ist die erste, die eine globale Identität teilt. Wir vernetzen uns mit Menschen aus aller Welt, laden amerikanische Fernsehserien im Netz herunter (und ja, manche bezahlen auch dafür), fliegen für 49 Euro nach Barcelona, kennen den Unterschied zwischen thailändischer und vietnamesischer Küche. Wir sprechen mindestens drei Sprachen.

Bevor wir aus der Schule waren, hatten wir schon mehr Länder bereist als unsere Großeltern in ihrem ganzen Leben. Meine Oma war zeitlebens überhaupt nur zweimal im Ausland: einmal in Frankreich, um das Wunder von Lourdes zu erleben, und einmal in der Schweiz, als wir sie mit in den Urlaub nahmen (und da meinte sie, dass es zu Hause doch eigentlich genauso schön sei). Sie hat nie ein Flugzeug von innen gesehen.

Ich selbst gehöre nicht zu den meistgereisten Vertretern meiner Generation, aber schon zu Schulzeiten war ich beim Austausch in Spanien und Ungarn, lebte ein Jahr bei einer Gastfamilie in Colorado und verbrachte während des Studiums sechs Monate in Guatemala. Unsere Weltkarte ist keine weiße Fläche, sie besteht aus vielen farbigen Flecken, die wir auf Facebook markieren, wenn wir ein weiteres Land besucht haben.

Während ich diese Zeilen schreibe, ist mein Mann gerade in Dubai, davor war er in Riad. Seine Arbeit führt ihn häufiger in den Mittleren Osten. Wenn er wiederkommt, bringt er skurrile Geschichten mit. Zum Beispiel die, dass sich saudische Frauen und Männer außerhalb der Familie so gut wie nirgendwo begegnen, weil die Geschlechter überall – in Büros, Einkaufszentren, Moscheen – strikt getrennt sind. Kinos oder Discos gibt es nicht. Deshalb schreiben junge Saudis ihre Handynummern auf die Heckscheibe ihrer aufgemotzten Autos und fahren damit stundenlang durch die Stadt – in der Hoffnung, damit eine Frau zu beeindrucken, die sich dann hoffentlich bei ihnen meldet.

Erfahrungsreichtum ist das Kapital meiner Generation. Wir sind in Gegenden unterwegs, die viele unserer Eltern nur aus den Märchen aus *Tausendundeiner Nacht* kannten. In der Wüste bewegen wir uns so selbstverständlich wie im Familienurlaub an der Nordsee. Mit Englisch kommen wir heute fast überall durch. Auf unseren Reisen um die Welt lernen wir Völker kennen, denen Generationen vor uns vorwiegend auf dem Fasching begegnet waren: Chinesen, Scheichs, Indianer. Meine Generation ist weltoffen und aufgeschlossen.

Mancher Personalmanager wirft uns dennoch vor, wir seien nicht mobil genug. Wir würden den Posten in Peking ausschlagen, weil der Partner nicht mitkommen mag oder weil uns Aufstieg und Macht ohnehin wenig interessierten. Für den nächsten Karrieresprung den Wohnort zu wechseln, sei für viele junge Leute nicht mehr drin. Der Personalvorstand eines Dax-Vorstands erzählt am Telefon, dass die jungen Chinesen und Inder, die er trifft, ganz anders seien, »viel ehrgeiziger!«. Er könnte, sagt er, jedes Mal, wenn er in diesen Ländern sei, ganze Flugzeuge chartern, »so viele bestürmen mich, mitfliegen und mitarbeiten zu dürfen«.

Ich teile die Einschätzung des Personalchefs nicht. Viele meiner Freunde sind wegen des Jobs mehrmals umgezogen, viele auch ins Ausland – auf eigenen Wunsch. Wenn wir doch mal eine Versetzung ausschlagen, dann liegt das auch daran, dass wir kaum noch in traditionellen Versorgergemeinschaften leben, in denen der Mann im Ausland Karriere macht und die Frau mit den Kindern hinterherzieht. Wir müssen heute auf die beruflichen Laufbahnen beider Partner Rücksicht nehmen und deshalb bei der eigenen manchmal Abstriche machen.

Außerdem glauben wir daran, dass es wichtiger ist, was wir tun, als wo wir es tun. Nur deshalb ins Ausland zu gehen, um im Ausland gewesen zu sein, das hat meine Generation schon hinter sich. Wir sind in jungen Jahren viel herumgekommen, haben bei Gastfamilien in Neuseeland oder Nicaragua gelebt, haben in Stockholm oder Schanghai studiert. Irgendwann wollen auch wir einmal ankommen.

Mit Veränderungen – auch das ist ein Pluspunkt – kann meine Generation gut umgehen. Schließlich sind wir in einer Welt aufgewachsen, in der alles ständig im Umbruch war. Seit dem 11. September kennen wir nichts anderes als Krise: Afghanistankrise, Irakkrise, Klimakrise, Wirtschaftskrise, Bildungskrise, Finanzkrise, Eurokrise. Das Krisengefühl, das uns begleitet, hat die Unsicherheit zu unserem Lebensgefühl erhoben. In unserer Welt ist alles möglich, aber nichts ist von Dauer. Aus Lebenspartnern wurden Lebensabschnittsgefährten. Aus dem Geburtsort wurde die Wahlheimat. Und den Job auf Lebenszeit gibt es ebenso wenig wie Lucys regenbogenfarbene Einhörner aus dem vorigen Kapitel.

Als meine Eltern so alt waren wie ich heute, hatten sie schon ein eigenes Haus gebaut. Neulich fragte mich mein Vater, ob mein Mann und ich nicht bald einmal in ein Eigenheim ziehen wollten – eine berechtigte Frage für einen Bauunternehmer. Darüber hatte ich mir, ehrlich gesagt, noch keine Gedanken gemacht. Irgendwann, vielleicht. Doch wir wissen ja noch nicht einmal, wo wir in fünf Jahren wohnen werden. Warum sollten wir uns da jetzt an ein Haus binden? Abgesehen von der Frage, wie wir uns das heute leisten sollten. Mir die Zukunft länger als zwei Jahre vorzustellen, ist für mich ziemlich schwierig. Und wie mir geht es vielen in meinem Alter.

Die immerwährende Unsicherheit, die uns umgibt, zwingt uns zu ständigen Veränderungen. Sie sorgt dafür, dass wir Neuem gegenüber aufgeschlossen bleiben. Das sind gute Voraussetzungen in einer Arbeitswelt, die sich immer schneller wandelt und in der das, was gestern noch galt, morgen schon überholt sein kann.

Hinzu kommt, dass meine Generation auf eine spielerische Art kreativ ist. Wir sind die Generation Facebook, Twitter, YouTube.

Dort gilt: Wer die ausgefallenste Meldung, den lustigsten Tweet, das fantasievollste Video veröffentlicht, bekommt die meiste Aufmerksamkeit. Diese Originalität übertragen wir in die Arbeitswelt. So wie die junge Amerikanerin aus Kapitel 5, die ein Video drehte, in dem sie zu Kanye Wests Hit »Gone« durchs Bild tanzt und nebenbei ihren Job kündigt. Kreativ sind wir überall dort, wo man uns lässt. Das macht uns konkurrenzfähig in einer Weltwirtschaft, in der Ideen oft mehr zählen als Produkte und Neues zunehmend in sozialen Netzwerken entsteht.

Es macht uns sogar unentbehrlich in einer Ökonomie, die vor so tief greifenden Veränderungen steht wie kaum jemals zuvor: Klimawandel, Energiewende, Ressourcenknappheit, alternde Gesellschaft, wissensbasierte Ökonomie, Digitalisierung, vernetzte Mobilität, Urbanisierung, Wandel der Arbeitswelt, neue Konsummuster – um nur ein paar Megatrends zu nennen, mit denen sich Unternehmen auseinandersetzen müssen.

Neue Technologien ersetzen alte Geschäftsmodelle und lassen neue entstehen. Industrie, Energie, Handel, Banken, Versicherungen – kaum eine Branche, die nicht vor einem fundamentalen Wandel steht und sich nicht neu erfinden muss. Dazu brauchen Unternehmen die besten Talente, die kreativ denken und bereit sind, Etabliertes grundsätzlich infrage zu stellen. Die jungen Beschäftigten von heute bringen dafür gute Voraussetzungen mit. Oder wie es Ex-Telekom-Personalvorstand Thomas Sattelberger einmal im *Manager Magazin* ausdrückte: »In den 90ern hatten wir nur geleckte Barbies und Bubis im Business-Look. Wir sollten heilfroh sein, dass die Absolventen heute selbstbewusster sind und die Welt farbiger ist. Den Firmen tut etwas frischer Wind in alten Strukturen ziemlich gut.«

Meine Generation verabscheut sinnlose Traditionen und macht keinen Dienst nach Vorschrift, sondern will immer genau wissen, warum sie etwas tut. Mit »das war schon immer so« sollte man uns besser nicht kommen, denn das akzeptieren wir nicht. Wir zeigen Eigeninitiative und haben gelernt, selbständig zu arbeiten (solange wir Google nutzen dürfen). Mit Pflicht und Gehorsam können wir wenig anfangen, deshalb suchen wir eine Arbeit, die Spaß macht und einen Sinn stiftet. Damit können wir die Wirtschaft sogar produktiver machen, denn Beschäftigte, die Freude bei der Arbeit empfinden und einen Sinn darin sehen, leisten mehr als andere.

Der amerikanische Organisationspsychologe Adam Grant hat das gründlich erforscht. Mit gerade einmal 32 Jahren ist er der jüngste Professor an der renommierten Wharton School in Philadelphia. Nebenbei berät er Unternehmen wie Google bei der Frage, wie sie das meiste aus ihren Angestellten herausholen oder ihnen dabei helfen können, das meiste aus ihrem Job herauszuholen. Sein Buch *Geben und Nehmen* erschien im Herbst 2013 auf Deutsch und erregte einiges Aufsehen. Grants These lautet: Geben macht erfolgreich. Wer anderen hilft, leistet nicht weniger, sondern mehr. Wer bei seiner Arbeit an andere denkt, kommt eher voran.

Das *New York Times Magazine* widmete Grant ein großes Feature, in dem seine bekanntesten Studien vorgestellt wurden. Es beschreibt, wie Grant an der Universität in Michigan, wo der umtriebige Wissenschaftler promovierte, einmal ein Experiment mit Studenten durchführte, deren Aufgabe es war, am Telefon Geldmittel für Stipendien einzutreiben. Es gibt wohl wenig, was so unbefriedigend ist, wie in einem Callcenter zu arbeiten. Die Arbeit ist eintönig und kann emotional belastend sein, wenn die Angerufenen ausfällig werden oder den Anrufer genervt abwimmeln (die Ablehnungsquote bei diesem Callcenter betrug 93 Prozent). Versuche, die Studenten mit Geldgeschenken und Wettbewerbsspielchen zu motivieren, hatten zuvor wenig Erfolg gebracht.

Grant hatte eine andere Idee: Er lud einen Studenten ein, der nur dank der eingetriebenen Geldmittel überhaupt an dieser Universität studieren konnte. Der junge Mann erzählte den Callcenter-

Studenten, wie sehr das Stipendium sein Leben verändert habe. Was danach geschah, überraschte sogar Grant: Einen Monat später verbrachten die Studenten 142 Prozent mehr Zeit am Telefon und trieben 171 Prozent mehr Geldmittel ein, ohne etwas an ihrer Methode geändert zu haben. In einer Folgestudie stiegen die Umsätze sogar um mehr als 400 Prozent. Selbst Briefe von dankbaren Stipendiaten, die man den Anrufern vorlegte, zeigten Wirkung und erhöhten den Arbeitseinsatz.

Anfangs glaubten die Anrufer nicht, dass es die kurze Begegnung mit dem Stipendiaten war, die ihre Erfolgsquote derart verbessert hatte. Sie dachten, sie hätten mehr Übung oder einfach Glück gehabt mit den Adressen. Doch nachdem Grant das Experiment fünfmal wiederholt hatte, konnte er andere Erklärungen ausschließen. Die Studenten waren motivierter und produktiver, weil sie wussten, dass sie mit ihrer Arbeit anderen helfen konnten. Plötzlich sahen sie einen Sinn in dem, was sie taten, auch wenn sie sich dessen gar nicht bewusst waren.

Über die Jahre hat Grant seine These immer wieder in unterschiedlichen Kontexten überprüft. In einem Krankenhaus ließ der Forscher einmal zwei verschiedene Schilder an Waschbeckenanlagen anbringen. Das eine Schild wies Ärzte und Krankenschwestern beim Händewaschen darauf hin: »Handhygiene schützt vor Krankheiten«. Auf dem anderen stand: »Handhygiene schützt Patienten vor Krankheiten«. Danach wertete Grant aus, wie viel Seife an welchem Waschbecken fehlte. Ärzte und Krankenschwestern, die an ihre Patienten erinnert wurden, benutzten 45 Prozent mehr Seife und Desinfektionsmittel als ihre Kollegen am anderen Becken. Grants Schlussfolgerung: Wer die Auswirkungen seiner Arbeit auf andere vor Augen hat, arbeitet gewissenhafter.

Diese Erkenntnisse lassen sich auch auf die Unternehmenswelt übertragen. Einmal machte Grant ein Experiment mit Beschäftigten von Borders, einer internationalen Buchhandelskette, die 2011 pleiteging. Dort gab es einen Fonds, in den Mitarbeiter einen Betrag einzahlen konnten, der von Borders dann verdoppelt wurde. Das Geld kam bedürftigen Mitarbeitern zugute – für eine unvorhergesehene Beerdigung, eine teure Operation oder eine unverhoffte Schwangerschaft.

Grant untersuchte, wie sich die Existenz dieses Fonds auf das Engagement der Mitarbeiter auswirkte. Interessanterweise zeigten den größten Anstieg beim Arbeitseinsatz nicht die Geldbezieher, sondern die Geldspender, selbst wenn sie nur ein paar Dollar pro Woche gaben. Grant stellte fest, dass die Mitarbeiter dankbar waren für die Möglichkeit, »einen geschätzten Aspekt ihrer Identität zu bestätigen«, und sich deshalb stärker engagierten. Aus Dankbarkeit, Gutes tun zu dürfen, arbeiteten sie härter.

Was Grants Forschung deutlich macht: Beschäftigte, die ihre Tätigkeit als bedeutungsvoll wahrnehmen und Gutes bewirken, leisten mehr als andere. Sinnvolle Arbeit führt zu besserer Arbeit. Deshalb sollten Unternehmen meiner Generation dankbar sein, dass sie nach einer Arbeit strebt, mit der sie etwas bewegen kann. Sie treibt uns zu Höchstleistung. Wir wollen uns im Beruf einbringen, wir wollen mitmachen, aber nur, wenn es Sinn und Freude macht, nicht um jeden Preis.

Meine Generation sucht nicht nur Sinn, sie sorgt auch für mehr Chancengleichheit zwischen den Geschlechtern. Zumindest hat meine Generation etwas verinnerlicht, worum unsere Eltern und Großeltern noch kämpfen: die Gleichstellung von Frauen und Männern. Die Generation Y ist die erste Generation, die wirklich gleichberechtigt aufgewachsen ist. Als Mädchen durften wir das Gleiche wie die Jungs: Fußballspielen, kurze Haare tragen, zur Bundeswehr gehen.

Junge Frauen und Männer genießen heute die gleiche Ausbildung, nur dass Frauen sie mit besseren Noten abschließen. Laut der UNESCO sind inzwischen mehr Frauen als Männer in den Universitäten dieser Welt eingeschrieben. In Nordamerika und Europa gibt es sogar ein Drittel mehr weibliche als männliche Studenten. Weitgehend gleichberechtigt führen wir auch unsere Beziehungen. Für viele Paare ist es selbstverständlich, dass beide Partner arbeiten und sich Kindererziehung und Hausarbeit teilen.

Die Berufswelt hingegen ist von wahrer Gleichberechtigung noch meilenweit entfernt. Gerade mal vier Prozent der Vorstandssitze in den 200 umsatzstärksten Unternehmen in Deutschland sind von Frauen besetzt. In den Aufsichtsräten sind es 15 Prozent. Die Große Koalition hat sich nun zwar auf eine Frauenquote von 30 Prozent geeinigt, doch die ist weit weniger bahnbrechend, als sie den Anschein hat. Verbindlich ist sie überhaupt nur für die »Aufsichtsräte von voll mitbestimmungspflichtigen und börsennotierten Unternehmen«, so steht es im Koalitionsvertrag. Das betrifft nur etwa 200 Firmen. Und für die viel wichtigeren Positionen im Topmanagement wird es keine feste Quote geben. Dort setzen die Parteien weiter auf eine freiwillige Selbstverpflichtung der Unternehmen, die schon in der Vergangenheit wenig Wirkung gezeigt hat.

In der Wirtschaft haben Frauen und Männer längst nicht die gleichen Chancen. Doch meine Hoffnung ist, dass der Kampf um Gleichberechtigung im Beruf ein Kampf von gestern und heute ist, nicht so sehr einer der Zukunft. Denn ich glaube, dass meine Generation in diesen Fragen weiter ist als die Manager und Aufsichtsräte, die heute über die Besetzung von Führungspositionen entscheiden. Für uns macht es nämlich keinen Unterschied, ob wir einen männlichen oder weiblichen Chef haben. Junge Männer sind von emanzipierten Frauen erzogen worden und leben in gleichberechtigten Partnerschaften. Und junge Frauen wirken heute selbstbewusster als ihre Mütter und Großmütter.

Ich hoffe, dass, wenn meine Generation einmal in den Chefetagen der deutschen Wirtschaft sitzt, mehr Frauen an der Spitze keine Frage mehr von Moral, sondern von wirtschaftlicher Notwendigkeit sein werden. Unternehmen können bei ihrer Führung schlicht nicht länger auf die Hälfte des Talentpools verzichten. In einer Wirtschaft, in der meine Generation das Sagen hat, so meine Hoffnung, braucht es keine Quoten mehr, weil wir Frauen für genauso fähig halten wie Männer. Weil es Dutzende Gründe für mehr weibliche Chefs gibt und keinen einzigen, der dagegen spricht. Meine Generation würde also dafür sorgen, dass mehr Frauen dort hinkommen, wo sie gebraucht werden: in die Führung der Wirtschaft.

Was also kann meine Generation für die Wirtschaft tun? Sie macht die Berufswelt internationaler, vielsprachiger und weltoffener. Sie steht Neuem aufgeschlossen gegenüber und ist bereit, Bestehendes grundsätzlich infrage zu stellen. Meine Generation strebt nach Chancengleichheit für beide Geschlechter und fördert durch ihre unterschiedlichen Erfahrungswelten generell eine größere Vielfalt in den Unternehmen. Sie ist engagiert und auf spielerische Art kreativ. In einer Wirtschaftswelt, die auf Innovationen und die Bereitschaft zum ständigen Wandel angewiesen ist, sind das keine schlechten Voraussetzungen.

14 / WAS WIR WIRKLICH WOLLEN

Wir waren die am meisten geliebten, die behütetsten und die verwöhntesten Kinder, die es je auf dem Globus gegeben hat. Das hat uns zu selbstbewussten jungen Erwachsenen gemacht, die jetzt im Beruf eine neue Arbeitswelt verlangen. Fassen wir also zum Schluss zusammen, was meine Generation wirklich will:

- Wir fordern mehr Freiräume bei der Arbeit.
- Wir wollen Zeit für Familie und Freizeit.
- Wir möchten selbstbestimmt arbeiten.
- Wir suchen Spaß und Selbstverwirklichung.
- Wir möchten als Individuen behandelt werden.
- Wir fordern regelmäßiges Feedback.
- Wir wollen an Ergebnissen gemessen werden.
- Wir möchten uns ständig weiterentwickeln.
- Sinn zählt für uns mehr als Status.
- Glück ist wichtiger als Geld.

Wir sind nicht faul. Wir wollen arbeiten. Nur lassen wir uns im Job nicht zu Sklaven machen. Wir suchen Sinn, Spaß und Selbstverwirklichung, und legen Wert auf ein Leben neben der Arbeit. Wir wollen alles auf einmal: Karriere plus Kinder. Beruf plus Freizeit plus Zeit für Freunde. Wir möchten flexibel und selbstbestimmt arbeiten. Klar machen wir auch mal Überstunden, aber nur, wenn die Arbeit uns sinnvoll erscheint, und nicht, um den Chef zu beeindrucken.

Wir hinterfragen alles. Autoritäten zweifeln wir erst einmal an, es sei denn, man überzeugt uns. Wir ärgern uns nicht im Stillen, sondern sagen offen, was uns stört (sogar unserem Chef). Bei der Arbeit fordern wir Mitsprache und ständiges Feedback. Wenn wir »es einfach nicht fühlen«, wie die junge Assistentin aus dem zehnten Kapitel, die vom Kaffeeholen nicht zurückkommt, ziehen wir weiter zum nächsten Job.

Klingt überheblich? Ist es. Anmaßend? Vielleicht. Doch wir können es uns leisten, so anspruchsvoll zu sein. Denn wir haben einen gewaltigen Trumpf in der Hand, der unseren Eltern und Großeltern vorenthalten war. Es ist der Trumpf der Demografie, die Macht der Knappheit in einem Land, dem allmählich die Fachkräfte ausgehen. In einigen Branchen ist der Mangel heute schon sichtbar, der deutschen Wirtschaft fehlen Ingenieure, Computerspezialisten, Physiker. Doch begehrt sind nicht nur Leute mit Uniabschluss, auch Klempner, Lokführer, Altenpfleger sind knapp. Und der Mangel verschärft sich noch, wenn die vielen Babyboomer erst einmal in Rente sind. Weil meine Generation weiß, dass sie gefragt ist, kann sie ihre Vorstellungen im Beruf besser durchsetzen als frühere Generationen.

An dieser Stelle soll noch einmal daran erinnert werden, was bereits im zweiten Kapitel diskutiert wurde: Die Generation Y, das sind nicht alle nach 1980 Geborenen. Es sind vor allem jene Altersgenossen, die behütet und relativ begütert aufgewachsen sind und heute über einen gefragten Hochschulabschluss oder eine gute Berufsausbildung verfügen. Das trifft auf etwa ein Viertel der heute 20- bis Anfang 30-Jährigen zu. Die Generation Y ist also ein Ausschnitt. Doch sie prägt das Bild einer ganzen Altersgruppe. Und ich traue diesen begehrten Generationenvertretern zu, dass sie ihre Verantwortung gegenüber den übrigen drei Vierteln wahrnehmen und auf einen Wandel in der Arbeitswelt hinwirken, der auch den weniger Privilegierten zugutekommt.

Wie also muss die Berufswelt beschaffen sein, damit sie den Bedürfnissen meiner Generation gerecht wird? Wie sieht eine Y-Wirtschaft aus?

Es ist eine Arbeitswelt, in der Frauen die gleichen Chancen haben wie Männer. Junge Eltern müssen sich nicht für Karriere *oder* Kinder entscheiden, beides ist vereinbar. Mütter schleichen nicht schuldbewusst aus dem Büro, um ihr Kind von der Kita abzuholen. Geschäfte werden beim Lunch und nicht beim Dinner gemacht, damit auch Chefs abends Zeit für ihre Familien haben.

Es ist eine Arbeitswelt, die ein Leben neben dem Job nicht nur toleriert, sondern fördert. Sie lässt Zeit für Familie, Hobbys und Freunde. Unternehmen sehen den Einzelnen nicht nur als Mitarbeiter, sondern in erster Linie als Mensch, der auch noch Rollen außerhalb des Berufs gerecht werden will: Familienvater, Pflegekraft, Yogalehrer, Triathlet. Es ist eine Arbeitswelt, die den Mensch in den Mittelpunkt stellt und anerkennt, dass er in unterschiedlichen Lebensphasen unterschiedliche Bedürfnisse hat. Sie lässt Auszeiten zu – um noch mal zu studieren, ein Buch zu schreiben, einen Angehörigen zu pflegen oder sich neu zu orientieren.

Es ist eine Arbeitswelt, in der es nicht auf die Stunden ankommt, die man im Büro verbringt, sondern darauf, welche Ergebnisse man liefert. Es ist egal, wo und wann man die Arbeit erledigt, ob im Büro, im Café oder nachts zu Hause, Hauptsache, sie wird fertig. Selbstbestimmtes Arbeiten ist kein hehres Ziel, sondern gelebte Praxis.

Es ist eine Arbeitswelt, in welcher der Chef seinen Mitarbeitern vertraut und ihnen Verantwortung überträgt. Sie können eigenständig arbeiten und fühlen sich ermutigt, offen ihre Meinung zu sagen. Es bestimmt derjenige, der die meiste Ahnung von einer Sache hat und nicht derjenige mit dem ranghöchsten Titel. Neue Ideen sind willkommen, Bestehendes darf grundsätzlich infrage gestellt werden.

Es ist eine Arbeitswelt, in der lebenslanges Lernen ein Grundsatz ist. Beschäftigte haben eine klare Perspektive davon, wie sie sich in einem Unternehmen weiterentwickeln können – nicht nur als Nachwuchstalent, sondern auch noch mit 40, 50 oder 60 Jahren. Es ist eine Arbeitswelt, in der Sinn mehr zählt als Status. Der Einzelne weiß genau, warum er etwas tut und welche (positiven) Auswirkungen seine Arbeit auf andere hat. Eine Arbeit, die Freude bringt, ist wichtiger als ein Gehalt, das Schmerzensgeld für verkaufte Lebenszeit zahlt. In dieser Arbeitswelt ist Glück wichtiger als Geld.

Mir ist klar, dass das ein ideales Szenario ist, das mit der Realität vieler deutscher Arbeitnehmer heute wenig gemein hat. Einem Paketboten oder einer Reinigungskraft erscheint eine solche Arbeitswelt so realistisch wie ein Mindestlohn von 15,90 Euro. Für Millionen Deutsche ist der Job ein mühsamer Broterwerb und keine verheißungsvolle Sinnsuche. Sie können in ihrer Arbeit nicht aufgehen, geschweige denn sich selbst verwirklichen.

Doch gerade in den kreativen und wissensbasierten Berufen, die einen immer größeren Teil der Arbeitswelt ausmachen, ist die Y-Wirtschaft heute schon möglich. Jede große Veränderung beginnt erst mal im Kleinen und zieht dann weitere Kreise. Die Verantwortung der frühen Nutznießer ist es, dafür zu sorgen, dass diese neue Arbeitswelt Standards setzt, von denen auch weniger privilegierte Teile der Erwerbsbevölkerung profitieren. Ziel ist es, einen tief greifenden Wandel herbeizuführen, der nicht nur eine Elite erfasst.

Dieser Wandel hat bereits begonnen. Meine Generation setzt in den Unternehmen gerade eine Revolution in Gang. Die kommt nicht laut daher, denn wir ziehen nicht fahnenschwenkend durch die

Straßen oder rütteln an Konzerntoren. Meine Generation verändert Wirtschaft und Gesellschaft still und schleichend, aber der Wandel ist grundlegend und nachhaltig. Und die Älteren können uns dankbar sein. Denn was wir Jungen fordern, kommt auch ihnen zugute. Und denen, die nach uns jung sind. Denn auch sie wollen anders leben und arbeiten. Auch sie verlangen eine neue Berufswelt. Gemeinsam können wir eine bessere erschaffen.

LITERATUR

01 / Wer wir sind

Haumann, Wilhelm: *Generationen-Barometer 2009. Eine Studie des Instituts für Demoskopie Allensbach.* Herausgegeben vom »Forum Familie stark machen«. Aufgerufen am 17.09.2013, http://www.familie-stark-machen.de/files/gb09_download.pdf

Howe, Neil; Strauss, William: *Millennials Rising. The Next Great Generation.* New York 2000.

Köcher, Renate: »Generationen-Barometer 09«, Pressemappe zur Pressekonferenz von »Forum Familie stark machen«. Aufgerufen am 22.09.2013, http://www.familie-stark-machen.de/files/generationenbarometer09_pressemappe.pdf

Parment, Anders: *Die Generation Y – Mitarbeiter der Zukunft.* Wiesbaden 2009.

PricewaterhouseCoopers: *Managing tomorrow's people: How the downturn will change the future of work.* Aufgerufen am 23.09.2013, http://www.pwc.com/gx/en/managing-tomorrows-people/future-of-work/download.jhtml

Shell Deutschland Holding (Hg.): *16. Shell Jugendstudie. Jugend 2010.* Frankfurt am Main 2010.

Telefónica Global Millennial Survey: Global Results. Aufgerufen am 24.09.2013, http://survey.telefonica.com/globalreports/assets/Telefonica%20-%20Global%20Millennial%20Survey.pdf

Werle, Klaus; Buchhorn, Eva: »Schwierige Helden«. In: *Manager Magazin*, 01.05.2011.

WellesleyChannelTV: *You Are Not Special Commencement Speech from Wellesley High School*. Aufgerufen am 16.11.2013, http://www.youtube.com/watch?v=_lfxYhtf8o4

02 / Nicht alle, aber viele

Bund, Kerstin; Heuser, Uwe Jean; Kunze, Anne: »Wollen die auch arbeiten?«. In: *Zeit*, 07.03.2013.

Fabian, Gregor et al.: *Karriere mit Hochschulabschluss?* Hochschul-Informations-System GmbH (HIS). Aufgerufen am 18.11.2013, http://www.his.de/pdf/pub_fh/fh-201310.pdf

Hein, Christoph: »Uns gehört die Welt von morgen«. In: *Frankfurter Allgemeine Zeitung*, 14.09.2013.

Heinzlmaier, Bernhard: *Performer, Styler, Egoisten. Über eine Jugend, der die Alten die Ideale abgewöhnt haben.* Berlin 2013.

Kerbusk, Simon: »Unter Druck«. In: *Zeit*, 14.03.2013.

Prognos AG: *Arbeitslandschaft 2030*. Im Auftrag der vbw – Vereinigung der Bayerischen Wirtschaft e. V., September 2011 (2. Auflage).

03 / Wir Krisenkinder

Bund, Kerstin: »Die Altenrepublik«. In: *Zeit*, 12.12.2013.

Graeber, David: *Kampf dem Kamikaze-Kapitalismus. Es gibt Alternativen zum herrschenden System.* München 2012.

Jessen, Jens: »Die traurigen Streber«. In: *Zeit*, 28.08.2008.

Kurianowicz, Tomasz: »Das dreissigste Jahr«. In: *Neue Zürcher Zeitung*, 01.11.2013.

Oehmke, Philipp; Rohr, Mathieu von; Schulz, Sandra: »Die Krisenprofis«. In: *Spiegel*, 15.06.2009.

Shell Deutschland Holding 2010.

Viacom Brand Solutions: *Mindsets 3.0*. Aufgerufen am 01.10.2013, http://www.beviacom.de/uuid/6cc5d99cc8734722b1f8af3ef0703af6

04 / Wie wir arbeiten wollen

Parment 2009.

Sattelberger, Thomas: »Binden, ohne zu ketten«. In: *Zeit*, (*Interview geführt von Kerstin Bund*), 07.11.2013.

Swart, Gary: »Die Arbeit kommt zu Ihnen«. In: *Zeit*, (*Interview geführt von Kerstin Bund*), 29.08.2013.

Trendence Institut: *Trendence Graduate Barometer 2013*, http://www.trendence.com/fileadmin/trendence/content/Unternehmen/Rankings/trendence_Graduate_Barometer_2013_German_LAW_Edition_Rankings.pdf

05 / Wir haben Macht

Blasberg, Anita: »Die schon wieder!«. In: *Zeit*, 18.04.2013.

Bundesagentur für Arbeit: Analyse der gemeldeten Arbeitsstellen nach Berufen (Engpassanalyse), Juli 2013, http://statistik.arbeitsagentur.de/Statischer-Content/Statistische-Analysen/Analytikreports/Zentrale-Analytikreports/Monatliche-Analytikreports/Generische-Publikationen/Analyse-gemeldetes-Stellenangebot/Report-Engpassanalyse-KldB-1988-201304.pdf

Media Entrepreneurs (eine Initiative der Axel Springer AG, Anm.). Aufgerufen am 18.11.2013, http://www.youtube.com/watch?v=YAbpmkqn6JE

Prognos AG 2011.

Schirrmacher, Frank: »Der Sturz der Babyboomer«. In: *Frankfurter Allgemeine Sonntagszeitung*, 19.02.2012.

Shifrin, Marina: »An Interpretive Dance For My Boss Set To Kanye West's Gone«. Aufgerufen am 18.11.2013, http://www.youtube.com/watch?v=Ew_tdY0V4Zo

Taiwanese Animators: *An Interpretive Dance From Next Media Animation Set To Kanye West's Gone*. Aufgerufen am 22.12.2013, http://www.youtube.com/watch?v=1ukGrwL4ky4

06 / Wir wollen nicht leben wie ihr

Hipp, Lena; Stuth, Stefan: *Management und Teilzeitarbeit – Wunsch und Wirklichkeit*. Wissenschaftszentrum Berlin für Sozialforschung (WZB) 2013, http://bibliothek.wzb.eu/wzbrief-arbeit/WZBriefArbeit152013_hipp_stuth.pdf

Niejahr, Elisabeth: »First Husbands«. In: *Zeit Magazin*, 19.09.2013.

Niejahr, Elisabeth: »Mehr muss es nicht sein«. In: *Zeit*, 28.11.2013.

Odgers Berndtson: *Manager-Barometer 2012: Was heutige Manager bewegt – wie Manager von morgen ticken*. Aufgerufen am 20.11.2013, http://www.odgers berndtson.de/fileadmin/uploads/germany/Documents/Studien/OB_Manager-Barometer-2012.pdf

Shell Deutschland Holding 2010.

Väter gGmbh: *Trendstudie »Moderne Väter« – Wie die neue Vätergeneration Familie, Gesellschaft und Wirtschaft verändert*. Hamburg 2012, http://vaeter-ggmbh.de/wp-content/uploads/2012/12/Trendstudie_Vaeter_gGmbH_Down load.pdf

07 / Babyboomer, Generation X und wir

Dorsey, Jason Ryan: *Y-Size Your Business. How Gen Y Employees Can Save You Money and Grow Your Business*. Hoboken 2010.

Ernst & Young GmbH: *Absolventenstudie 2012–2013*. Aufgerufen am 16.10.2013, http://www.ey.com/Publication/vwLUAssets/EY-Absolventenbefragung_2013/$FILE/EY-Absolventenbefragung-2013-Studie.pdf

Illies, Florian: *Generation Golf. Eine Inspektion*. Frankfurt am Main 2001.

08 / Wir tun das auch für euch

Gallup GmbH: *Engagement Index Deutschland 2012*. Präsentation zum Pressegespräch am 06.03.2013 in Berlin, http://www.gallup.com/strategicconsulting/160904/praesentation-gallup-engagement-index-2012.aspx

Opaschowski, Horst W.: *Deutschland 2030. Wie wir in Zukunft leben*. Aktualisierte Neuausgabe, Gütersloh 2013.

Smith, Greg: »Why I Am Leaving Goldman Sachs«. In: *New York Times*, 14.03.2012.

09 / Faul? Schlau!

Odgers Berndtson 2012.

Oehmke, Rohr, Schulz 2009.

Shell Deutschland Holding 2010.

Weiguny, Bettina: »Generation Weichei«. In: *Frankfurter Allgemeine Sonntagszeitung*, 23.12.2012.

Werle, Klaus: »Die Kuschel-Kohorte«. In: *Manager Magazin*, 01.12.2012.

10 / Wir sind uns treu

Ashridge Business School, Institute of Leadership & Management: *Great Expectations: managing Generation Y*. Aufgerufen am 25.10.2013, http://www.ashridge.org.uk/Website/Content.nsf/FileLibrary/5B2533B47A6D6F3B80257 8D30050CDA8/$file/G458_ILM_GEN_REP_FINAL.pdf

Dorsey 2010.

PricewaterhouseCoopers: *Millennials at work. Reshaping the workplace*. Aufgerufen am 25.10.2013, http://www.pwc.com/en_M1/m1/services/consulting/documents/millennials-at-work.pdf

Rhein, Thomas: »Ist Europa auf dem Weg zum ›Turbo-Arbeitsmarkt‹?« *IAB-Kurzbericht* 19/2010.

Rump, Jutta; Eilers, Silke: *Die jüngere Generation in einer alternden Arbeitswelt. Baby Boomer versus Generation Y*. Sternenfels 2013.

Sattelberger 2013.

11 / Erleben macht glücklicher als Haben

Kahneman, Daniel: »Glück durch Geld ist eine Illusion«. In: *Süddeutsche Zeitung Wissen*, (*Interview geführt von Philip Wolff*), 21.10.2006.

Levine, Mark: »Share My Ride.« In: *New York Times Magazine*, 08.03.2009.

Mr. Money Mustache, www.mrmoneymustache.com

Parment 2009.

Rifkin, Jeremy: *Access. Das Verschwinden des Eigentums*. Frankfurt am Main 2000.

Kelly Services: *Generational Crossovers in the Workforce – Opinions Revealed. Kelly Global Workplace Index 2009*, http://www.smartmanager.com.au/res/content/au/smartmanager/en/docs/kelly_services_generational_crossovers_in_the_workplace_09.pdf

T-factory Trendagentur: *Jugendtrendstudie Timescout: Jugend und Mobilität (16. Welle)*. Pressemitteilung vom 06.04.2010, http://www.tfactory.com/0500news-10_04_06.pdf

12 / Was die Wirtschaft für uns tun kann

Deutscher Industrie- und Handelskammertag (DIHK): *Vom »Gedöns« zum Schlüssel gegen den Fachkräftemangel. Ergebnisse des IHK-Unternehmensbarometers*. Berlin 2012.

Maitland, Alison; Thomson, Peter: *Future Work. How Businesses can Adapt and Thrive in the New World of Work.* Basingstoke 2011.

Bundesministerium für Familie, Senioren, Frauen und Jugend: *Personalmarketingstudie 2012. Familienbewusstsein ist konjunkturresistent.*

»Wait But Why (*Name des Blogs, Anm.*), Why Generation Y Yuppies are Unhappy«. In: *Huffington Post,* aufgerufen am 15.09.2013, http://www.huffington post.com/wait-but-why/generation-y-unhappy_b_3930620.html

13 / Was wir für die Wirtschaft tun können

Dominus, Susan: »The Saintly Way to Succeed«. In: *New York Times Magazine,* 31.03.2013.

Grant, Adam: *Geben und Nehmen. Erfolgreich sein zum Vorteil aller.* München 2013.

Tulgan, Bruce: *Not Everyone Gets A Trophy. How to Manage Generation Y.* Hoboken 2009.

UNESCO Institute for Statistics: *Global Education Digest 2009. Comparing Education Statistics Across the World,* http://www.uis.unesco.org/Education/Docu ments/ged09-en.pdf

Werle 2012.

DANK

Mein Dank gilt Uwe Jean Heuser und Anne Kunze, die mit mir viel über die Generation Y nachgedacht haben. Aus unserer gemeinsamen Titelgeschichte in der *Zeit* entstand die Idee für dieses Buch.

Ich danke meinem Agenten Daniel Graf, ohne den das Buch bloß eine Idee geblieben wäre, für Tee, Telefonate und das Teilen ähnlicher Generationenerfahrungen. Dem Murmann Verlag danke ich für sein großes Vertrauen, insbesondere Peter Felixberger für die angenehme Zusammenarbeit und das gute Lektorat.

Ich bedanke mich bei allen, die ihre Geschichten und Gedanken in diesem Buch mit mir geteilt haben. Und bei all jenen, die nicht namentlich vorkommen, mich aber in unzähligen Gesprächen darin bestärkt haben, dass es Zeit ist für eine neue Arbeitswelt.

Bei meinen Eltern bedanke ich mich für tiefe Einblicke in das Leben zweier Babyboomer, dafür, dass sie mich zu einem Mitglied der Generation Y gemacht haben und mich meine Träume leben ließen. Melanie danke ich für das Glück, eine Schwester zu haben, und für den besten Ausgleich während des Schreibens: Leonard und Hannah. Mein Dank gilt meinen Freundinnen Miriam für alles Gute und Sarah für alles Schöne in der Zeit, als dieses Buch entstanden ist.

Ich danke meinem Mann Lorenz, meinem ersten Leser, für die unbestechliche und konstruktive Kritik. Und für alles, was er für mich ist.

Kerstin Bund